AF395596

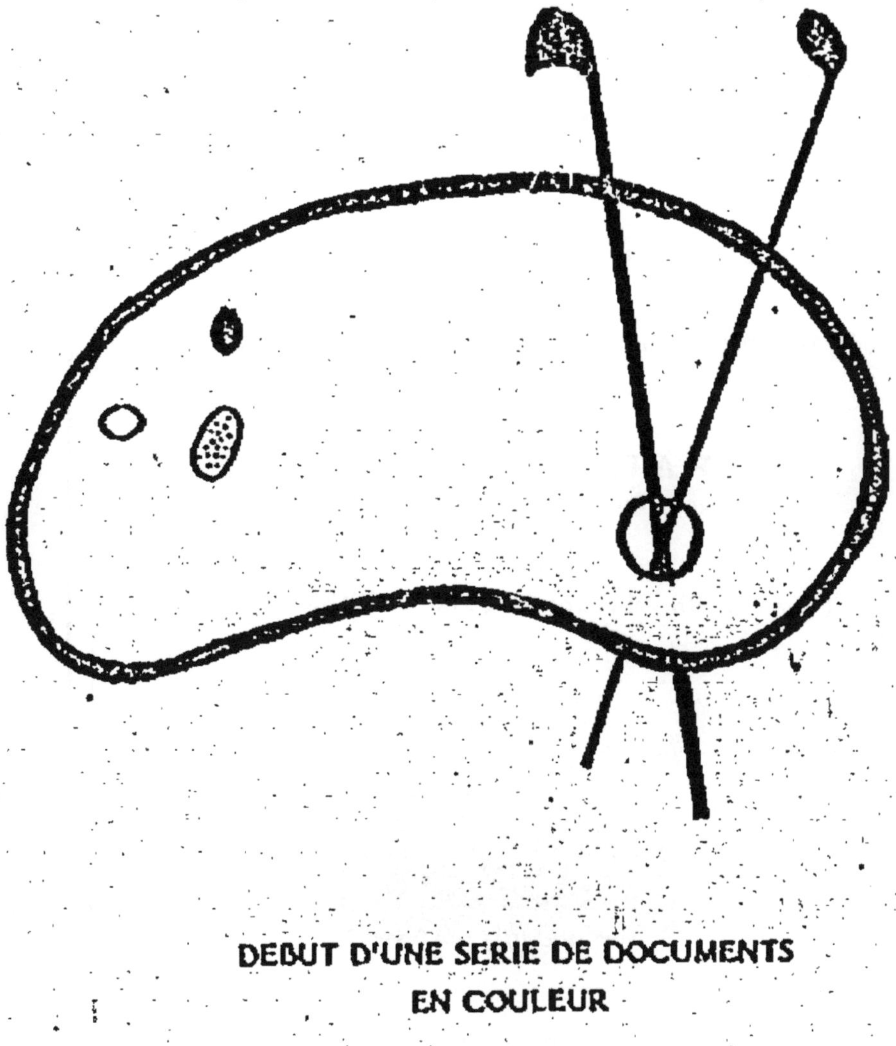

DEBUT D'UNE SERIE DE DOCUMENTS
EN COULEUR

ÉLÉMENTS

DE

MÉTHODOLOGIE

ET

DE MORALE

Rédigés conformément au plan d'études de janvier 1881

PAR

PAUL SOUQUET

Professeur agrégé de philosophie au lycée de Marseille.

(CLASSE DE MATHÉMATIQUES ÉLÉMENTAIRES)

PARIS

LIBRAIRIE CH. DELAGRAVE

15, RUE SOUFFLOT, 15

TRAITÉ ÉLÉMENTAIRE DE PHILOSOPHIE, par M. PAUL JANET, membre de l'Institut, professeur à la Faculté des lettres de Paris. 1 fort volume in-8, br. 8 fr. 75

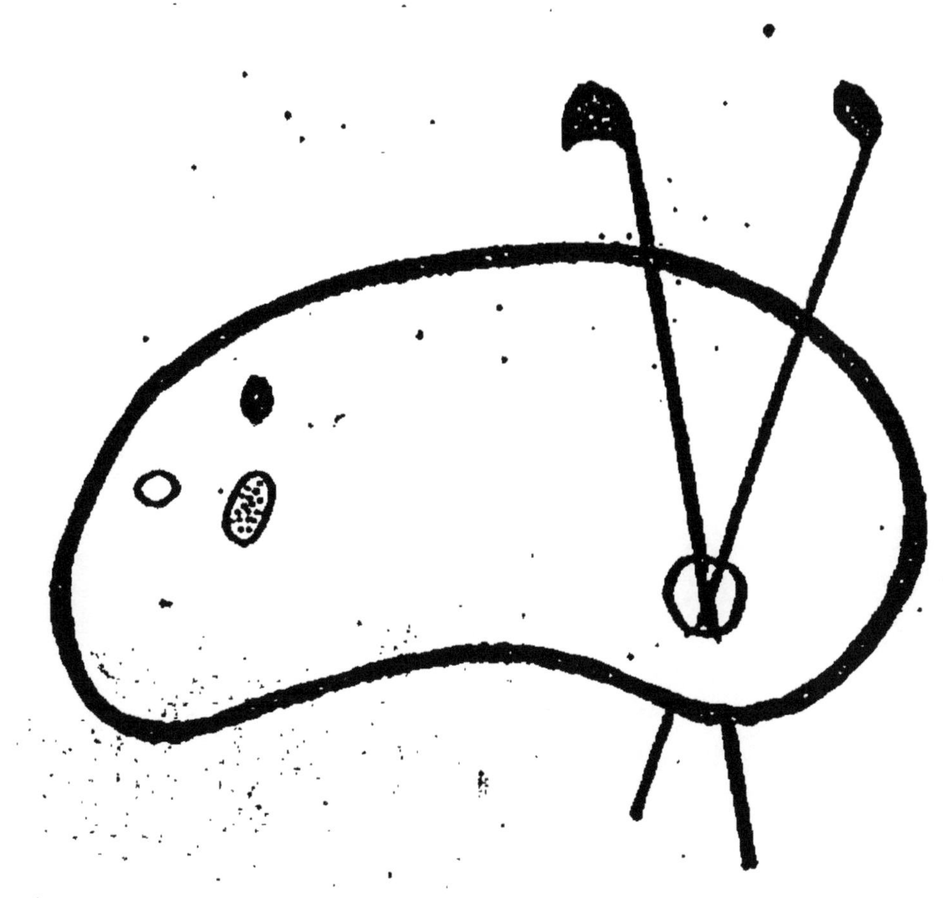

FIN D'UNE SERIE DE DOCUMENTS
EN COULEUR

ÉLÉMENTS

DE

MÉTHODOLOGIE ET DE MORALE

Coulommiers. — Typog. PAUL BRODARD.

ÉLÉMENTS

DE

MÉTHODOLOGIE

ET

DE MORALE

Rédigés conformément au plan d'études de janvier 1881

PAR

PAUL SOUQUET

Professeur agrégé de philosophie au lycée de Marseille

(CLASSE DE MATHÉMATIQUES ÉLÉMENTAIRES)

PARIS

LIBRAIRIE CH. DELAGRAVE

15, RUE SOUFFLOT, 15

—

1882

MÉTHODOLOGIE

LA MÉTHODE ET LES MÉTHODES

Préliminaires. — De la méthode en général. — Préceptes généraux. — Règles de Descartes; sens de ces règles chez Descartes ; interprétation infidèle et large qui leur confère une
portée très générale. — Bons effets de la méthode. — Analyse et synthèse au sens général ; leurs rapports, leurs règles.

Nécessité de la méthode.

1° POUR AGIR.

1. Il faut en tout de la *méthode*, c'est-à-dire un emploi judicieux des moyens propres à nous mener aux
fins poursuivies. Il faut de la méthode dans la conduite
de la vie, dans la gestion des affaires domestiques, dans
les opérations industrielles et commerciales, dans les
arts de la guerre, de la navigation, de la culture, dans
les pratiques de l'éducation, dans le gouvernement, etc.
La méthode, dans ce sens très général, est tout l'opposé
de ce qu'on appelle « aller au hasard, en aveugle, au
petit bonheur ». Mais on manque de méthode aussi
bien lorsqu'on se règle, en agissant, sur la routine, sur
les préjugés, sur des idées fausses ou systématiquement
préconçues.

2° Pour penser.

2. La méthode n'est pas moins nécessaire pour penser que pour agir. Les raisonnements journaliers demandent un usage méthodique de notre esprit. Mais nous avons surtout besoin de méthode pour connaître la vérité que nous cherchons dans les sciences. Et c'est de quoi nous traiterons ici.

Méthode générale ; méthode particulière.

3. Pour découvrir la vérité dans les sciences, que faut-il ? Il faut bien user de notre esprit selon sa constitution et ses lois : voilà le principe de la *méthode générale*. Il faut, en outre, dans chaque ordre de recherches, appliquer correctement les procédés particuliers qui conviennent à chaque nature d'objets : voilà l'origine des *différentes méthodes* qui correspondent aux diverses sortes de sciences. Il y a donc une MÉTHODOLOGIE GÉNÉRALE, dans laquelle le logicien traitera des règles élémentaires de la bonne conduite de l'esprit dans toute investigation scientifique quelconque. Et il y a une MÉTHODOLOGIE PARTICULIÈRE, dans laquelle le logicien traitera successivement des différents procédés de recherche composant la méthode spéciale de chaque ordre de sciences.

Remarque. Il faut de la méthode pour exposer la vérité trouvée, pour l'enseigner, aussi bien que pour la découvrir. Nous en parlerons à part quand il y aura lieu.

MÉTHODOLOGIE GÉNÉRALE

Principales règles de la méthode générale.

4. Quoi que ce soit que l'on considère dans les sciences et quelle que soit la nature des recherches, procéder méthodiquement, avec méthode, ce sera procéder avec ordre, suite et convenance, faire ce qu'il faut, quand il faut, comme il faut, c'est-à-dire :

1º Se former une idée nette du point qu'on veut éclaircir, de ce qui est en question ;

2º Discerner, en toute recherche, quelles sont celles des facultés de notre esprit dont relèvent les objets en question, afin de ne pas se méprendre sur la nature même des opérations requises : raisonner où il faut, observer où il faut, etc. ;

3º Garder dans toute la suite des opérations l'ordre dans lequel elles se supposent pour être faisables et fructueuses.

Ajoutons à ces préceptes d'une portée générale la recommandation d'être exact et complet, soit qu'on décompose, soit qu'on envisage des rapports et des ensembles, et cette autre recommandation d'être très scrupuleux sur la valeur des raisons ou la réalité des faits, d'être très résolu à n'admettre les unes et les autres que sur la foi de l'évidence, ou sur la garantie d'un contrôle rigoureux dans les cas où il faut recourir au témoignage d'autrui [1].

---

[1]. Suspension du jugement jusqu'à l'évidence apparue ; défiance à l'égard de son propre sentiment, de la passion, de l'amour-propre, etc. Descartes dit : « Éviter la précipitation et la prévention. »

Telles sont les principales règles de la bonne conduite de notre esprit à la recherche de la vérité dans les sciences en général.

Règles de Descartes.

5. *Descartes* a formulé dans le *Discours de la méthode* (1637) les quatre règles suivantes, restées célèbres :

« Le premier (précepte) était de ne recevoir jamais aucune chose pour vraie que je ne la connusse *évidemment* être telle : c'est-à-dire, d'éviter soigneusement la *précipitation* et la *prévention ;* et de ne comprendre rien de plus en mes jugements que ce qui se présenterait si *clairement* et si *distinctement* à mon esprit, que je n'eusse aucune raison de le *mettre en doute.*

« Le second, de diviser chacune des difficultés que j'examinerais en autant de parcelles qu'il se pourrait, et qu'il serait requis pour les mieux résoudre.

« Le troisième de conduire par ordre mes pensées, en commençant par les objets les plus simples, et les plus aisés à connaître pour monter peu à peu comme par degrés jusqu'à la connaissance des plus composés, et supposant même de l'ordre entre ceux qui ne se précèdent point naturellement les uns les autres.

« Et le dernier, de faire partout des dénombrements si entiers et des revues si générales, que je fusse assuré de ne rien omettre. »

Ces quatre fameuses règles de Descartes ont à première vue un caractère de simplicité et de généralité qui a invité trop d'interprétateurs à y voir les préceptes même de la méthode universelle, c'est-à-dire de la méthode applicable communément à toutes sortes de recherches scientifiques. Et il est bien vrai qu'à les prendre en elles-mêmes, détachées de ce qui les entoure et les commente dans les écrits de Descartes, ces quatre règles paraissent d'abord exprimer ce qu'il y a d'essentiel et de commun dans la procédure de toutes les sciences. Néanmoins à consulter Descartes lui-même [1], il est certain qu'il avait en vue expressément et uniquement la méthode dite *à priori*, c'est-à-dire le raisonnement à la manière des géomètres, persuadé bien à tort que la science tout entière devait être traitée en cette sorte. C'est ce qui ressort sans hésitation possible de tous les passages où il a fixé le sens qu'il donnait au mot *évidence* n'entendant par là que l'évidence rationnelle et logique à l'exclusion de celle des sens; c'est ce qui résulte encore plus clairement de son propre commentaire de la troisième de ses règles, la plus importante à ses yeux. Quelles sont, en effet, ces « choses les plus simples » dont il faut partir, suivant lui, pour « s'élever [2] jusqu'à la connaissance des plus composées? » Ces choses simples, ce sont, pour Descartes, les notions abstraites de *nombre*, d'*étendue*, de *mouvement*, de *pensée*, de *perfection*, etc., desquelles on déduira ensuite tout le reste par voie de raisonnement. Comment donc cette méthode tout *à priori,* que Descartes a transportée par abus jusque dans la physique, serait-elle reçue aujourd'hui pour la méthode commune et universelle des sciences, y compris les sciences expérimentales? Les quatre règles de Descartes, prises au sens de Descartes et comme règles de l'investigation, ne sont le code que des seules sciences du raisonnement pur.

Toutefois les mots *évidence, diviser* (analyse), *aller du simple au composé* (synthèse), *dénombrements entiers* et *revues générales,* ces mots entendus au sens non plus

---

1. *Règles pour la direction de l'esprit.*
2. Descendre serait plus exact ici.

cartésien, mais large et vulgaire, demeurent comme les points de repère des réflexions les plus générales qu'on puisse faire sur la bonne conduite de l'esprit en toute recherche scientifique quelconque.

Bons effets de la méthode.

6. De quelque manière que l'on veuille énoncer les principales règles de la méthode générale, il est un point sur lequel tout le monde est d'accord : c'est l'utilité de la méthode, c'est le profit qu'il y a à procéder méthodiquement. Par là, en effet, 1° nous sommes plus assurés de découvrir la vérité; nous mettons toutes les chances de notre côté, au lieu d'être réduits aux hasards heureux, qui sont très rares et toujours incertains. 2° Nous abrégeons nos recherches et économisons notre peine. On croit trop souvent gagner du temps et ménager sa fatigue en se dispensant de la méthode. Erreur ! Les prudentes lenteurs du travail méthodique font le chemin plus court en le faisant plus droit; elles nous épargnent le plus souvent les fausses démarches, les fausses manœuvres, la peine perdue du travail inutile et à recommencer, et enfin la fatigue la plus insupportable, celle d'une recherche incertaine du résultat et même du but, qui ne se sent pas avancer et ne sait pas même où elle va. 3° L'habitude prise de procéder méthodiquement donne à l'esprit un équilibre, une allure ferme et aisée dont il se ressent toujours et dans tout ce qu'il fait. Maintes qualités modestes, mais solides et essentielles de l'esprit sont les fruits d'une observance persévérante des règles de la méthode. Même les qualités rares ou les dons exceptionnels ne sauraient se priver sans dommage du bienfait de la méthode. « Ce n'est pas assez

d'avoir l'esprit bon, dit Descartes, le principal est de l'appliquer bien. » C'est ce qu'avait compris au XVIe siècle Ramus [1] (Pierre La Ramée), l'homme le plus épris de la bonne méthode après Socrate et le plus pénétré de son efficacité, digne précurseur de François Bacon [2] en Angleterre et de René Descartes [3] en France. Le XVIIe siècle, à l'imitation de Descartes, a soigneusement insisté sur la question de la méthode : dans cet ordre de travaux se rapportant à la bonne conduite de l'esprit en général et aux règles de ce qu'on peut appeler l'*hygiène intellectuelle*, nous mentionnerons la *Logique de Port-Royal* [4] qui contient en sa troisième partie des vues excellentes sur les causes de nos erreurs et sur les moyens de les prévenir.

Analyse et synthèse au sens vulgaire.

7. On n'a pas tout dit sur la méthode en général quand on en a énoncé les préceptes et montré l'utilité, la nécessité même. En effet, s'il y a des règles de méthode qui s'imposent à l'esprit partout et toujours, quoi que ce soit qu'il fasse, il y a également deux procédés dont l'emploi est si général que l'esprit ne quitte l'un que pour prendre l'autre. L'étude de ces deux procédés, de ces deux démarches naturelles entre lesquelles l'esprit alterne en toutes ses opérations, relève de la méthodologie générale. Nous n'en parlerons pas

1. Auteur d'une *Logique* écrite en *français*, innovation hardie pour l'époque.

2. Bacon, auteur du *Novum organum* et père de la méthode expérimentale.

3. Auteur du *Discours de la méthode* (1637) et des *Règles pour la direction de l'esprit*.

4. *Logique ou Art de penser*, par Arnauld et Nicole de Port-Royal, ouvrage resté classique.

longuement toutefois, car ce serait empiéter sur l'étude de l'entendement.

Analyse et synthèse, tels sont les deux procédés entre lesquels se partage toute l'activité de notre esprit. Aller du composé au *simple*, du tout aux *parties* (analyse), ou bien, inversement, aller du simple au *composé*, des parties au *tout*, des éléments aux *rapports* de ces éléments entre eux et avec le tout (synthèse), l'esprit ne fait pas autre chose que cela. Il divise ou il unit, il isole ou il groupe, il sépare ou il rapproche, il détaille ou il voit d'ensemble.

S'agit-il d'un objet concret à étudier, d'un mécanisme, d'une plante, d'un organisme, etc., il faut en démêler les parties ou éléments (analyse), puis découvrir leurs rapports (synthèse) soit de situation, soit de proportions, soit d'action et réaction, etc. S'agit-il d'un ensemble ou système d'objets, ce sera de même. S'il s'agit de raisonnement, il faudra en démêler les idées ou termes (analyse), puis les rapprocher et les embrasser d'une même vue (synthèse).

Analyse et synthèse ne sont pas deux opérations; ce sont les deux modes ou caractères généraux entre lesquels toutes les opérations de l'esprit se partagent ou alternent [1].

Rapports de l'analyse et de la synthèse.

8. Elles s'appellent mutuellement : si l'analyse n'est pas suivie de synthèse, la connaissance est incomplète ;

---

1. Ainsi la perception, la mémoire, l'imagination, l'abstraction, la comparaison, etc. On distingue les jugements en analytiques et synthétiques; les langages et idiomes, de même; on oppose les esprits analytiques aux esprits synthétiques ; les époques pareillement, dans l'histoire de l'esprit humain.

on n'a que les matériaux épars de la science; si la synthèse n'est pas précédée d'analyse, elle sera conjecturale et sans valeur scientifique : faute de connaitre les éléments et le détail, on *imaginera* les rapports au lieu de les constater, on construira arbitrairement des touts et des ensembles [1]. Ajoutons que l'analyse, même appliquée à un unique objet, ne va pas sans quelque mélange de synthèse, selon la remarque de Condillac. En effet, je ne décompose pas un arbre, par exemple, en racines, tronc, rameaux, branches, feuilles, et ne considère pas chaque élément à part sans apercevoir en même temps quelque rapport de chaque élément avec le voisin ou avec le tout. Mais il y a lieu, logiquement, de distinguer analyse et synthèse.

Règles de l'analyse et de la synthèse.

L'analyse doit être exacte et complète, c'est-à-dire poussée aussi loin qu'il y a lieu, ne rien négliger et ne rien omettre. Elle doit être méthodique, graduée et continue.

La synthèse doit être prudente, conforme aux données de l'analyse et mesurée sur ces données, sans les dépasser par précipitation, sans les négliger par paresse ou prévention.

Remarque. Les mots *analyse* et *synthèse* sont aussi employés dans une acception moins élémentaire et moins générale que celle où nous les prenons ici. (Voir p. 20, *Analyse et synthèse rationnelles ou mathématiques*).

---

1. Il y a, avons-nous dit, des esprits analytiques et des esprits synthétiques. L'esprit complet et supérieur sera celui qui réunira ces deux aptitudes, également capable du détail et des vues d'ensemble.

MÉTHODOLOGIE PARTICULIÈRE

LES DIFFÉRENTES MÉTHODES DES SCIENCES [1]

Préliminaires. — Le raisonnement dans toute science. — Deux espèces de raisonnement, déductif et inductif. — Méthode déductive, méthode inductive, méthode mixte (l'histoire à part). — Tableau des sciences d'après leur méthode.

Le raisonnement dans toute science.

9. Toute science quelconque exige l'emploi du raisonnement. Raisonner, c'est affirmer quelque chose *à raison* d'une autre chose précédemment affirmée; c'est conclure une proposition d'une ou plusieurs propositions antécédentes. Sans le raisonnement, pas de sciences. Mais il faut bien se garder de ne voir dans le raisonnement que l'opération solitaire de l'esprit méditant et tirant tout de lui-même. Le mathématicien raisonne, le physicien raisonne, le philosophe et l'économiste raisonnent, l'historien de même [2]. Il est donc bien clair que le raisonnement met en œuvre aussi bien les faits que les idées, aussi bien les données de l'observation que les purs concepts de l'entendement.

1. Nous traitons sous ce titre de deux choses : 1° de chaque type de méthode convenant à chaque catégorie des sciences ; 2° accessoirement, et quand il y a lieu, des procédés qui appartiennent en propre à chaque science.

2. On appelle quelquefois *sciences de raisonnement* les sciences abstraites mathématiques. Elles sont, il est vrai, construites par le raisonnement seul, tandis que le raisonnement s'unit à l'observation et opère sur des faits d'expérience dans d'autres sciences.

Deux sortes de raisonnement : déductif, inductif.

10. Mais, si le raisonnement est un mécanisme d'un emploi universel dans la science, il y a deux manières de le faire jouer; c'est ce qu'il faut bien comprendre, parce que deux types de méthodes essentiels et irréductibles naissent de là.

1° Ou bien on conclut *d'une proposition plus générale une proposition moins générale*, laquelle était contenue implicitement dans la première. Exemple : Tous les rayons d'un même cercle sont égaux; or les deux côtés [1] du triangle *abc* sont (dans la construction une fois faite) deux rayons du cercle A'B'C'. Donc le triangle *abc* est isocèle (il a ses deux côtés égaux). On appelle *déductif* tout raisonnement de ce genre (syllogisme).

2° Ou bien *d'une ou plusieurs propositions particulières on conclut une proposition générale*, c'est-à-dire on étend à toute une classe d'êtres ou de faits ce qui a été reconnu vrai de tous les individus ou cas observés dans cette classe. Exemple : Chaque partie de platine qu'on a suffisamment chauffée a fondu, a été reconnue fusible; donc le platine (tout platine) est fusible. On appelle *inductif* tout raisonnement de ce genre.

Déduction et *induction*, telles sont donc les deux sortes de raisonnements possibles : il n'y en a pas une troisième. La déduction conclut *du général au particulier;* l'induction, du *particulier au général.* Là-dessus deux remarques, pour être tout à fait exact.

11. 1re *Remarque.* La déduction, à vrai dire, conclut dans la science non du général au *particulier*, mais du *plus général* au *moins général;* il faut que la conclusion

1. *Côtés,* par opposition au troisième, qu'on appellera *base* du triangle.

d'une déduction, en géométrie par exemple, ait un caractère d'affirmation générale encore, car la science vit des propositions générales (*tout*, *tous*) et non de particulières (*quelques*) ou d'individuelles (*ce*, *cette*). Ainsi, dans notre exemple de déduction, le triangle *abc* (de la conclusion) signifie non pas celui qu'on a matériellement et présentement devant les yeux, sur le tableau, mais *tout* triangle qu'on pourrait former de même ayant deux rayons du même cercle pour deux de ses côtés, et même cela signifie *tout* triangle *quelconque* dont deux côtés seraient deux rayons d'un même cercle quelconque.

2ᵉ *Remarque.* L'induction conclut du *particulier* au général. Il faut bien entendre ce qu'est ce *particulier* d'où elle part; ce terme, ici, est de nature à tromper sur le mécanisme du raisonnement inductif. En effet, est dite ordinairement *particulière* toute proposition dont le sujet est affecté du mot *quelques* (sans qu'on dise lesquels), c'est-à-dire dont le sujet exprime une *partie indéterminée* d'un genre. Par exemple, la proposition : *Quelques hommes sont savants*. Cela entendu, il est aisé de voir que, dans une induction correcte et scientifique, on ne conclut pas d'une *partie indéterminée* d'un genre à ce genre tout entier, d'un nombre indéterminé de cas quelconques à tous les faits de la même classe. Ainsi, dans notre exemple d'induction, les morceaux de platine sur lesquels on a expérimenté sont bien une *partie* de ce qu'on appelle platine, et par conséquent sont *quelque* platine; mais il est tout à fait essentiel de remarquer que les *quelques* morceaux de platine sur lesquels on a expérimenté ont *tous* fondu, ont été *tous* reconnus fusibles. Il y a donc déjà dans ce *quelques* un élément réel de *généralité.* Si un morceau de platine dans le nombre de ceux qu'on a expérimentés n'avait pas été reconnu fusible, les autres, qui seraient encore *quelque* platine, ne donneraient pas lieu à étendre l'affirmation de fusibilité à tout le genre platine. (Reprendre cette explication sur les exemples : Les chevaux sont solipèdes, Les bœufs sont ruminants.)

Terminons cet aperçu par une dernière remarque, concernant le raisonnement inductif. On y conclut du particulier au général, disons-nous, mais cela en deux manières : tantôt on attribue à toute une classe d'*êtres* une *qualité* reconnue appartenir aux individus de cette classe qu'on a observés (Tout cheval est solipède); tantôt on attribue à toute une même classe de *phénomènes* (par exemple, ébullitions d'eau) une même *cause* qu'on a reconnue être l'antécédent commun de tous les exemples ou cas observés du même genre (Tout eau bout à 100°). L'induction est ainsi l'instrument des *classifications*, d'un côté, et, de l'autre, le moyen de découvrir les *lois*.

Concluons. Toute science vit de raisonnement, et tout raisonnement est ou *déductif* (syllogisme), ou *inductif*. Nous avons là un moyen de classer les sciences et les méthodes.

. Les sciences classées d'après l'espèce de raisonnement qu'elles emploient.

12. En effet, on distingue : 1° les sciences dont la méthode a pour fond le procédé déductif; 2° les sciences dont la méthode a pour fond le procédé inductif; 3° les sciences dont la méthode réunit les deux procédés déductif et inductif. Dans les sciences déductives (ou encore *rationnelles*, ou *à priori*), on partira de certains principes, de certaines propositions générales, et l'œuvre de la science consistera à en tirer les applications les plus lointaines (sciences mathématiques : du général au particulier, du principe aux conséquences). Dans les sciences inductives (ou d'*observation*, ou *expérimentales*), on partira de faits ou d'objets individuels observés, pour s'élever aux *lois* ou aux *caractères généraux* (sciences physiques et naturelles : du particulier au général). Enfin, dans les sciences restantes, tantôt on posera des principes pour en *déduire* les applications; tantôt on observera des faits ou êtres pour en *induire* les caractères généraux et les lois (sciences morales, dites *mixtes* : du général au particulier, et du particulier au général).

On met à part l'histoire, dont la nature et la méthode sont tout à fait originales.

TABLEAU SOMMAIRE DES SCIENCES D'APRÈS LEUR MÉTHODE

1° SCIENCES DÉDUCTIVES (mathémathiques).
- Arithmétique (nombre).
- Géométrie (figure).
- Mécanique pure (mouvement).

L'astronomie est une science mixte [1], observation et raisonnement (par le calcul).

2° SCIENCES INDUCTIVES (physiques et naturelles).
- Physique.
- Chimie.
- Géologie (et minéralogie, paléontologie, etc.).
- Botanique.
- Zoologie (anatomie, morphologie, embryogénie, pathologie, etc.).

1. On la mentionne ici à son rang, entre les sciences abstraites pures et les sciences de la nature dites expérimentales.

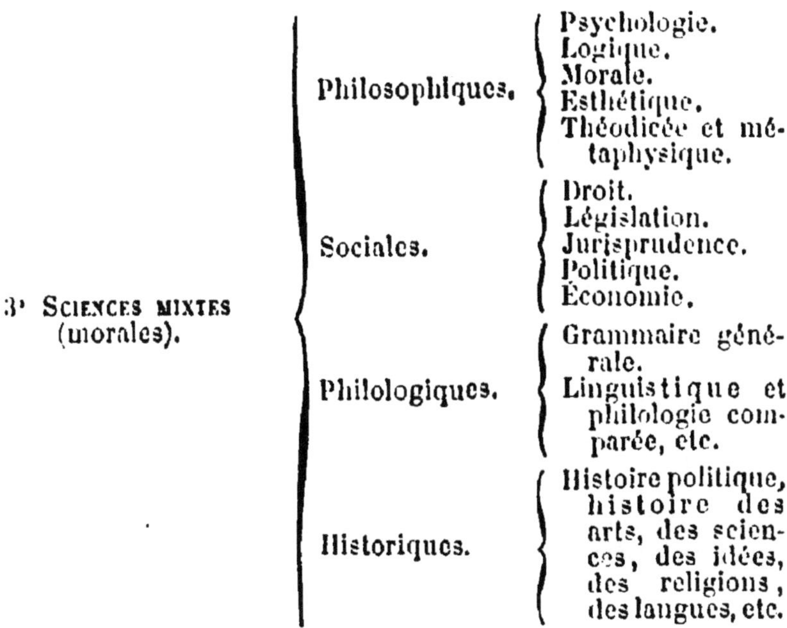

Trois sortes de méthodes.

13. Nous nous bornons, pour le moment, à ce classement des sciences, nous réservant de revenir plus loin (page 58) sur les principes de la classification systématique des sciences qui composent à cette heure [1] l'encyclopédie. Sciences *déductives* pures, sciences *inductives* pures, sciences *mixtes* (et l'histoire à part) : trois groupes de sciences, donc trois sortes de méthodes. Nous allons parler successivement de chacune, de ses éléments et procédés, et de la manière dont ils s'enchaînent dans chaque méthode. La méthode historique sera ensuite considérée à part.

1. Le nombre des sciences a bien augmenté depuis un siècle; il augmentera encore. Mais les sciences nouvelles ou futures ont pris place ou la prendront dans les cadres des méthodes indiquées ici.

MÉTHODE DÉDUCTIVE

OU DÉMONSTRATIVE

(SCIENCES MATHÉMATIQUES)

Axiomes, définitions, démonstrations. — Rôle des axiomes, rôle des définitions dans la démonstration. — Marches ascendante et descendante dans la démonstration, appelées aussi *analyse* et *synthèse.* — Rôle de l'analyse et de la synthèse : 1º dans la recherche ; 2º dans l'exposition. — Démonstrations par *la réduction à l'absurde,* — *à pari,* — *à fortiori.* — Règles de Pascal. — Quelques défauts de la méthode géométrique.

Méthode déductive pure.

14. MÉTHODE DÉDUCTIVE pure, ou *à priori,* ou *rationnelle,* dans les sciences portant les mêmes noms. Ce sont les sciences mathématiques (arithm., géom., mécaniq. pure), appelées encore sciences *abstraites.* On y part de certains principes ou propositions générales, dont on fait des applications en tous sens aux questions et cas moins généraux qui sont proposés (théorèmes, problèmes). Bref, on y fait de continuelles déductions.

Eléments de la méthode déductive ou à priori.

15. Les éléments de la méthode déductive [1] sont : 1º des *axiomes* [2], 2º des *définitions,* 3º des *démonstrations.*

1. Telle qu'on la pratique visiblement en géométrie. En mécanique pure, en arithmétique, en algèbre, même fond essentiel de la méthode, c'est-à-dire par voie de déduction et de conséquences nécessaires.
2. Axiomes mathématiques : Des choses égales à la même chose

AXIOMES. Propositions très générales et évidentes par elles-mêmes. Exemples : A = A. — La partie est plus petite que le tout.

DÉFINITIONS. Propositions générales énonçant la nature, les attributs constitutifs, l'*essence* d'une espèce de choses [1]. Exemple : La circonférence est une ligne dont les points sont tous également distants d'un même point. Autre exemple, définition du nombre pair, du nombre entier, etc.

DÉMONSTRATION. Consiste à rendre évidente la vérité

sont égales entre elles. — Les sommes de quantités égales sont égales. — Axiomes géométriques : les *notions communes* d'Euclide (au nombre de douze dans le texte original). Le 12e postulat est la fameuse proposition : Deux lignes droites ne peuvent enfermer un espace. Le logicien anglais Alexandre Bain (*Logique déductive et inductive*) dit que ce prétendu axiome n'en est pas un, car ce n'est pas une proposition *réelle*, mais une pure redite verbale, une tautologie, une simple expression nouvelle de l'idée *ligne droite*. — Les *postulats* sont définis par les logiciens des propositions non évidentes, non démontrables en elles-mêmes, mais tellement liées à d'autres propositions reconnues, qu'il faut accepter les premières, ne pouvant nier les secondes. Chez Euclide, les postulats du 1er livre servent de fondements à la partie constructive de la géométrie (concernant les *problèmes*, par opposition aux théorèmes). Ils demandent qu'on admette que certaines opérations géométriques très simples (tracer un cercle, etc.), peuvent être accomplies, sans qu'on s'inquiète de savoir comment elles le sont. Voir Bain.

1. Peu importe ici que ces *choses* soient réellement *existantes* dans la nature ou non. J'appelle « nature de chose » la nature du cercle, du trapèze, du cylindre, etc., sans m'inquiéter de savoir s'il existe dans la réalité de telles « choses », c'est-à-dire des cercles, triangles, etc., *parfaits*. On a dit pourtant, au xviie siècle notamment (Pascal et la *Logique de Port-Royal*), que toutes les définitions de la géométrie sont les définitions de *mots* et non de *choses*, c'est-à-dire qu'elles énoncent le sens des mots et non la nature des choses. Au sens où nous prenons « choses », ces définitions sont de *choses*; ce qu'elles expriment, c'est bien sans doute les *sens des mots* cercle, trapèze, etc.; mais comment ? En énonçant les *attributs essentiels* contenus dans l'idée ou nature du cercle, trapèze, etc.

d'abord non apparente d'une proposition, en montrant
qu'elle n'est qu'un cas, une application ou une forme
nouvelle d'une vérité déjà reconnue (ou démontrer sa
fausseté en prouvant qu'elle contredit une vérité reconnue).

Rôle et fonction des axiomes et des définitions dans la démonstration.

16. Toute démonstration peut s'exprimer dans un ou
plusieurs *syllogismes;* un syllogisme est un ensemble de
trois propositions, desquelles les deux premières étant
données, la troisième s'ensuit nécessairement. Si un
seul syllogisme ne suffit pas, on en enchaînera plusieurs,
afin d'arriver, de conclusion en conclusion, à celle qui
est demandée.

Des trois propositions d'un syllogisme démonstratif[1],
la première énoncée (dans l'ordre correct) contient
logiquement la troisième (ou *conclusion*), et la seconde
ou intermédiaire fait voir ce rapport[2]. La première
proposition, la plus générale, s'appelle *majeure* ou *principe* dans le raisonnement. Cela posé, jamais un axiome
ne figure comme *majeure* dans le corps d'une démonstration; c'est toujours une définition qui joue le rôle de
majeure énoncée en tête. Seulement il y a dans toute
démonstration un ou plusieurs axiomes *sous-entendus*,
lesquels niés, la démonstration serait impossible. Ainsi,
dans l'exemple de la page 11, sont reconnus tacitement
et *président* à la démonstration, sans y *figurer*, les axiomes appelés d'*identité* et de *contradiction* : « A = A, » —

---

1. La géométrie ne fait pas de syllogismes en forme; mais tous
ses raisonnements pourraient être ramenés à des syllogismes ou
suites de syllogismes purs et en forme.

2. Se reporter à notre exemple, p. 11.

« La même chose ne peut pas être et n'être pas en même temps sous le même rapport, » — ou « A ne peut pas être en même temps A et non-A [1]. »

Ces deux axiomes d'ailleurs, qui à vrai dire ne sont que deux rédactions d'une seule et même vérité élémentaire, président à toute démonstration géométrique et à toute déduction en général, puisque toujours dans une déduction on affirme en conclusion un cas, une partie ou un équivalent de cela même qu'on a affirmé en principe.

Tout axiome (de contradiction, d'identité, ou celui-ci : La partie est plus petite que le tout, etc.) est une vérité évidente par elle-même, disons-nous ; ajoutons, une vérité dont toute application quelconque est également évidente et manifeste à première vue dans chaque cas donné. Dès lors, il n'y a jamais utilité à construire un syllogisme, un raisonnement déductif, pour démontrer la vérité de ce qui n'est qu'un cas particulier, qu'une application évidente par elle-même d'un axiome. Ainsi le raisonnement : *La partie est plus petite que le tout, or la ligne* A B *est une partie de la ligne* AC, *donc, etc.,* » ce raisonnement n'apprendrait rien qui ne fût déjà connu et manifeste. Voilà justement pourquoi jamais un axiome ne figure comme *principe* ou *majeure* dans les démonstrations instructives et utiles, comme sont toutes celles de la géométrie.

Il en est tout autrement des définitions : elles sont les points de départ de déductions véritablement révélatrices, de déductions qui nous apprennent quelque chose de non aperçu avant elles. Voici pourquoi et comment : prenons comme exemple la définition de la circonfé-

1. En effet, dire que les rayons du cercle sont tous égaux, et dire que les deux côtés du triangle le sont, c'est répéter en second lieu une partie de cela même qu'on a dit en premier.

rence (page 17). C'est là une proposition énonçant certains attributs essentiels et constitutifs de ce qu'on appelle circonférence. Or ces attributs, une fois posés, entraînent logiquement à leur suite d'autres attributs ou certaines conséquences qu'on n'aperçoit pas d'abord, mais que l'on pourra déduire ultérieurement de la définition même. On nomme *propriétés* ces attributs dérivés. Ainsi, de la définition de la circonférence *résulte* l'égalité des rayons d'un même cercle, et nous avons vu que de cette égalité résulte, par un artifice d'identification, l'égalité des deux côtés du triangle ayant son sommet au centre du cercle.

La démonstration,

17. Un ou plusieurs axiomes pour conditions, une définition [1] pour principe fécond, pour majeure réelle et énoncée : voilà donc ce que suppose une démonstration.

Ces mots de démonstration, de méthode démonstrative ne doivent pas nous tromper : ils semblent ne convenir et n'être applicables qu'au cas où il s'agit d'exposer, de communiquer à autrui une vérité trouvée. Or, sous le nom de méthode démonstrative ou, si l'on veut, déductive, nous traitons aussi et surtout de la méthode de recherche et de découverte dans les sciences mathématiques, qu'il s'agisse de *théorèmes* ou de *problèmes*.

Analyse, synthèse.

18. C'est ici le lieu d'expliquer ce qu'on doit entendre par *analyse* et *synthèse*, non plus au sens déjà vu, qui

---

1. Alors même qu'on démontre une proposition par une autre qui n'est pas une définition, car celle-ci à son tour est la conséquence de quelque définition.

était celui de Condillac, mais au sens de Platon, des géomètres grecs Pappus et Diophante. Dans les sciences de raisonnement déductif, il est une marche *descendante* et une marche *ascendante*. La marche descendante (ou synthèse) consiste à poser un principe reconnu vrai et à en déduire comme conséquence le théorème qui est à prouver, ou la solution du problème proposé. C'est la marche qu'on suit le plus fréquemment pour communiquer à autrui la démonstration ou la solution, une fois qu'on les a trouvées. La marche ascendante, ou régressive (analyse), est inverse : on y part de la proposition à établir, qu'on prend pour accordée, on suppose le problème résolu, et on *remonte* de cette proposition ou solution supposées vraies à la proposition ou à la condition antérieure qu'elles supposent, dont elles sont les conséquences, et de celles-ci à d'autes antérieures, jusqu'à ce qu'on parvienne à quelque chose de tout à fait clair, qui, manifestement vrai ou manifestement faux, sera la preuve ou la condamnation de ce qu'on a admis en commençant. Ici donc, dans l'analyse, on procède à rebours, c'est-à-dire on remonte de la conséquence (qui est en question) jusqu'à un principe cherché qui doit justifier ou condamner la conséquence d'où l'on est parti par supposition [1]. Cette marche ascendante, ou

---

1. Duhamel reproche nettement à Euclide et même aux auteurs de la *Logique de P.-R.* (IVᵉ partie) une confusion sur ce point. Pour Euclide, l'analyse aurait consisté à « examiner les conséquences de la proposition admise comme vraie, et non à chercher de quelle proposition elle serait la conséquence, ce qui est l'inverse. » Lorsque, partant de la proposition à démontrer, Euclide parvient par des déductions exactes à des « vérités connues », il estime que cela suffit. « Il regarde donc comme évident que, dès qu'il est arrivé à quelque conséquence vraie, la proposition d'où il est parti l'est aussi. » Or, remarque M. Duhamel, « des propositions fausses peuvent conduire à des conséquences vraies. » La manière dont Euclide définit l'analyse est

régressive, ou résolutive (*re*, *retro*, en arrière), est éminemment appropriée à la *recherche*, à l'*investigation* en matière tant de théorèmes que de problèmes. On l'appelle ANALYSE, du nom même que Pappus lui a donné en la décrivant. Il appelle SYNTHÈSE la marche précédente et inverse, la marche descendante, qui est très convenable quand il s'agit d'*exposer* la vérité une fois connue. Mais il est clair qu'on pourra aussi procéder par marche ascendante ou régressive, c'est-à-dire par analyse, pour exposer la vérité trouvée ; on a même ainsi l'avantage de faire passer l'esprit de l'auditeur par le même chemin qu'on a suivi pour découvrir, on le fait comme assister et participer à la découverte.

M. Duhamel [1] fait avec raison cette remarque bien simple, à savoir que, « si l'on connaissait la démonstration analytique d'un théorème, on en obtiendrait immédiatement la démonstration synthétique en renversant l'ordre des propositions [2]. » Même remarque quant aux problèmes, pour lesquels la méthode analytique consistera à « ramener le problème *proposé* à un autre, celui-ci à un autre, et ainsi de suite, jusqu'à ce que l'on parvienne (en *remontant* de l'un à l'autre) à un problème *qu'on sache résoudre;* » tandis que la méthode synthétique, au contraire, consiste à partir d'un problème qu'on sait résoudre, à déduire de sa solution celle d'un suivant, de celle-ci celle d'un autre, et ainsi de suite jusqu'à ce qu'on arrive (en *descendant* de l'un à l'autre) au *proposé*, dont on obtient ainsi la solution.

Si l'analyse, très propre à la découverte, est aussi

donc défectueuse. (Voir Duhamel, *Des méthodes dans les sciences de raisonnement.*)

1. *Des méthodes dans les sciences de raisonnement,* p. 51.

2. « La synthèse ne diffère de l'analyse que par le renversement de l'ordre des théorèmes ou problèmes, terminés d'une part au proposé et de l'autre à quelque chose de connu » (Duhamel, *ibid.*)

très avantageuse dans l'exposition, la marche synthétique, au contraire, ne convient guère qu'à l'exposition
de la vérité une fois trouvée. En effet, quand on cherche
la démonstration d'un théorème ou la solution d'un
problème, comment partira-t-on (synthétiquement) d'un
théorème connu, d'un problème résolu, pour descendre
de là à la démonstration du théorème *proposé* ou à la
solution du problème *proposé*, puisqu'on ignore justement d'où il faut partir? Toutefois M. Duhamel reconnait
qu'on peut découvrir par la marche descendante ou synthèse (d'un principe posé à ses conséquences). On part
alors d'une vérité connue et on en déduit les diverses
conséquences, parmi lesquelles pourra se rencontrer une
vérité nouvelle, une vérité qu'on ne connaissait pas.
Dans ce cas, on découvre bien quelque chose, mais on
n'a pu prévoir ce qu'on allait découvrir, et il n'y avait
pas en ce cas de question proposée, de solution particulière désignée. Quand il y a question proposée, problème
déterminé, « il n'y a que la méthode analytique qui puisse
être sérieusement employée; encore celle-ci n'offre-t-
elle pas une certitude infaillible de succès. » La marche
synthétique ou descendante, quand une question déter-
minée est proposée ou une solution précise demandée,
conduirait à un tâtonnement aveugle, à une série hasar-
deuse d'essais en tous sens, jusqu'à ce qu'on tombât sur
le bon (si l'on y tombe).

M. Duhamel appelle *déduction* la marche descendante
ou synthèse; et *réduction* ou résolution la marche ascendante, régressive, ou analyse [1].

1. Les deux sont essentiellement *déductives* au sens général
des logiciens, c'est-à-dire fondées sur les relations logiques des
idées et sur les conséquences nécessaires des propositions.

Démonstration par l'absurde, etc.

19. C'est un procédé détourné de démonstration qui consiste à démontrer la fausseté de la proposition contradictoire à celle qui est à prouver. La proposition contradictoire considérée « renfermera le plus ordinairement plusieurs cas différents »; on les considérera donc *tous* successivement, et « on fera voir que chacune de ces propositions étant admise, conduit à des conclusions soit absurdes en elles-mêmes, soit contradictoires avec l'hypothèse ou avec l'une de ses conséquences [1]. » Ce procédé de démonstration convainc, mais il n'éclaire pas sur les raisons positives et directes de ce qu'il nous force d'admettre comme vrai.

Les démonstrations *à pari*, *à fortiori* [2], très usitées dans les raisonnements de la vie courante [3], consistent à

1. Duhamel, *Des méthodes dans les sciences de raisonnement*, p. 60.

2. L'argument *à fortiori*, transporté dans la logique, est essentiellement mathématique, remarque Alexandre Bain. Le type est celui-ci : Si A est plus grand que B, et B plus grand que C, *à plus forte raison* A est plus grand que C (application des deux axiomes mathématiques cités p. 17). De la région de la *quantité* on a pu transporter cet argument à celle de la *qualité* dans les raisonnements qui ne sont pas mathématiques et dire, par exemple : Si A, coupable, mérite la mort, B, plus coupable, la mérite *à fortiori* (l'idée de quantité, on le remarquera, subsiste ici : elle est marquée par le mot *plus* coupable).

3. Quoique nous n'ayions en vue dans cette partie que les sciences déductives pures, nous rappelons que la méthode démonstrative est en usage, pour une part, dans les sciences morales, concurremment avec la méthode expérimentale. Dans certaines questions de physique, comme les théories de la chaleur, de la réflexion et de la réfraction de la lumière, dans l'acoustique, les mathématiques prêtent à la physique le concours de leurs déductions. — L'astronomie est une science mixte, où l'observation est puissamment secondée par le calcul, donc par le raisonnement déductif. Par l'observation, on relève la grandeur,

prouver quelque chose de B en montrant qu'il est dans le *même* cas que A, ou dans une situation *identique* à celle de A pour lequel la chose est admise ; ou bien à prouver que, si quelque chose est vrai de A, il l'est *à plus forte raison* de B.

Règles de Pascal.

19 *bis*. Dans son écrit sur l'*esprit géométrique* Pascal a résumé les règles essentielles de la méthode démonstrative [1] : trois règles pour les définitions, deux pour les axiomes, deux pour les déductions. Il réduit ces huit règles à cinq, puis à ces deux-ci :

1º Définir tous les noms qu'on impose ;

2ª Prouver tout (*tout ce qui a besoin d'être prouvé*), en substituant mentalement la définition au défini [2].

position et mouvement *apparents* des corps célestes ; par le calcul et le raisonnement, on conclut le *réel* sur tous ces points, on prévoit les positions et relations dans l'espace futures. Remarquons que l'on ne connaîtrait sur les astres rien de plus que ces renseignements concernant le nombre, la grandeur, figure, mouvement et positions relatives, si l'*analyse spectrale* n'était survenue : par ce procédé, c'est-à-dire en décomposant par le prisme la lumière des astres et en observant les raies qui se forment sur le spectre déployé, on a pu obtenir des renseignements inespérés sur la composition de la matière des astres ; on s'est assuré par ce moyen que les éléments chimiques des astres sont de nature identique à celle des éléments composant les corps de notre globe. Seulement les proportions de leurs combinaisons échappent. (Voir, sur l'importance de ce *desideratum*, p. 36.)

1. En se plaçant au point de vue non de la recherche, mais de l'exposition.

2. C'est-à-dire ne pas se contenter de penser le mot *cercle*, par exemple, ou même la chose vaguement, mais avoir présente à l'esprit la définition même, c'est-à-dire les attributs constitutifs du cercle.

Défauts de la méthode des géomètres.

20. Type de la méthode déductive, la méthode des géomètres a pourtant ses défauts; voici ceux que les auteurs de la *Logique de Port-Royal*, Arnauld et Nicole, (IVe partie, ch. IX et X) ont relevés au XVIIe siècle :

1° Avoir plus de soin... de convaincre l'esprit que de l'éclairer;

2° Prouver des choses qui n'ont pas besoin de preuves;

3° Abuser des démonstrations par l'impossible;

4° Démontrer par des voies trop éloignées ;

5° N'avoir aucun soin de l'ordre vrai de la nature (*des objets*).

Procédés auxiliaires du raisonnement dans les sciences mathématiques.

21. L'ALGÈBRE, « qui n'est autre chose qu'une prolongation du langage ordinaire, merveilleusement propre à l'expression et à la combinaison des grandeurs abstraites; » et surtout l'ANALYSE INFINITÉSIMALE [1], « qui constitue à elle seule une méthode, la plus puissante que l'esprit humain puisse employer. »

1. « Consiste essentiellement à substituer, dans les relations à établir, aux quantités finies des quantités infiniment petites qui sont finalement éliminées : c'est ainsi que l'on considère une courbe comme un polygone formé d'une infinité de côtés rectilignes. » Bresson, *Idées modernes*, chez Reinwald, 1880.

MÉTHODE INDUCTIVE,

D'OBSERVATION OU EXPÉRIMENTALE

(SCIENCES PHYSIQUES ET NATURELLES)

Observation et expérimentation. — Sciences d'observation pure;
sciences d'expérimentation. — Du raisonnement expérimental. —
L'hypothèse. — L'analogie ou induction analogique. — Les
quatre méthodes d'induction de Stuart Mill. — La comparaison. — Les classifications artificielles et naturelles; — principes de ces dernières. — Nomenclature.

Méthode inductive ou expérimentale.

22. MÉTHODE INDUCTIVE OU EXPÉRIMENTALE pure [1], dans
les sciences portant les mêmes noms. Ce sont les sciences
physiques et naturelles, c'est-à-dire la physique et la
chimie d'une part, et, de l'autre, toutes les sciences
qui concernent chacun des trois règnes de la nature,
sous les noms généraux de : 1° minéralogie et géologie,
2° botanique, 3° zoologie.

L'importance de l'induction et la logique de la méthode inductive ou expérimentale furent longtemps
méconnues ou non aperçues. Aristote et, d'après lui,
le moyen âge (scolastique) n'ont guère donné leur attention et leur confiance qu'au syllogime, qu'à la déduction, même dans les sciences de la nature. Bacon [2],
et après lui Stuart Mill [3] et Claude Bernard [4], pour

1. Tout se commence par elle dans les sciences physiques et
naturelles ; mais le calcul et le raisonnement déductif trouvent
place en physique (optique, acoustique).
2. *Novum organum.*
3. *Essai de logique déductive et inductive*, t. II.
4. *Introduction à la médecine expérimentale.*

ne nommer que ceux-là, ont été les théoriciens émi-
nents de la logique de l'induction et de la méthode
expérimentale.

Dans la nature, les *êtres* et choses pullulent dispersés
dans l'espace, les *phénomènes* se succèdent, s'entre-
croisent et se confondent ; l'œuvre de la science consistera à *distribuer* les êtres ou objets en classes, coor-
données et subordonnées entre elles quand il se pourra,
et à *expliquer* les phénomènes, en indiquant pour
chaque sorte de ceux-ci la condition constante et invariable (c'est-à-dire la loi) de leur production. Mais,
pour découvrir les ressemblances et différences constantes des êtres ou objets (*classifications*), pour découvrir les relations constantes des phénomènes (*lois*),
bref, pour dégager ce qu'il y a de général et de fixe
dans la nature, il faut partir de ce qui nous est donné,
c'est-à-dire des êtres et des phénomènes particuliers,
étudiés ici ou là. Le raisonnement inductif, qui s'élève
du particulier au général, suppose donc avant tout un
certain nombre d'individus ou de cas préalablement
recueillis [1] : ce qui a lieu soit par simple observation,
soit par expérimentation. On *observe* lorsqu'on analyse au passage un objet, un être, un phénomène
spontanément offerts par la nature. On *expérimente*,
on fait une expérience, lorsqu'on intervient soi-même
dans la production du phénomène qu'on se propose
d'observer, lorsqu'on en provoque l'apparition en se
réservant de diriger soi-même les circonstances de cette
apparition selon les besoins de la recherche scientifique.

1. *Colligere*, d'abord ; *colligare*, ensuite.

L'observation.

23. L'intégrité, la finesse des *sens* y sont très utiles; l'exercice, l'habitude les perfectionnent beaucoup. Les *instruments* (microscope, télescope, appareils enregistreurs, etc.), renforcent la puissance de nos sens, étendent leur portée et parfois les suppléent en partie. Attention et patience sont les vertus de l'observateur, ainsi que l'impartialité et l'absence de préventions, de préjugés, d'esprit de système; faute de quoi il verra mal et ne sera ni clairvoyant ni docile aux faits. Une qualité non plus demi-morale, mais purement intellectuelle de l'observateur, c'est la sagacité, la pénétration; savoir observer n'est pas chose commune : le bon observateur n'égare pas son attention, il la porte où il faut, et dans chaque objet, démêle l'utile, néglige l'insignifiant.

L'observation doit être, pour chaque cas donné, complète et méthodique; pour chaque genre, répétée, variée et comparative : car, ce qu'on cherche dans les individus ou cas qu'on observe, c'est ce qu'il y a de commun, afin de constituer le genre la classe, ou de découvrir la loi; il faut donc multiplier les observations pour s'assurer qu'on n'a laissé échapper aucune exception qui serait un démenti à la généralisation qu'on a en vue.

L'expérimentation.

24. Claude Bernard [1] l'appelle une *observation provoquée*. Ici nous ne considérons plus que phénomènes

---

1. *Introduction à la médecine expérimentale,* ch. I, § 5.

2.

et lois; il ne s'agit plus que secondairement d'êtres et de classes. Observer les faits offerts par la nature, les rechercher même et aller au-devant d'eux pour les observer quand ils se produiront, cela n'est pas suffisant. Pour la rapidité, pour l'efficacité même de la recherche scientifique, il faut, comme le dit Bacon [1], « mettre la nature à la question », l'interroger aussi souvent qu'on le désire et dans les conditions qu'on désire; pour cela, on suscite le phénomène qu'on veut observer, et, afin de l'examiner sous toutes ses faces, on variera les circonstances de la production du fait, le temps, le milieu, etc. Que cherche-t-on, en effet, sous le nom de loi? On cherche l'antécédent ou les antécédents invariables; on cherche la circonstance essentielle qui est la condition permanente, la « forme [2] » fixe d'une espèce donnée de phénomènes. Or rien ne nous y servira mieux que l'expérimentation, qui, en détachant par expériences successives chacune des circonstances qui accompagnent et précèdent la production du phénomène, nous permettra de négliger les circonstances accidentelles et de retenir la circonstance essentielle, véritablement causale, laquelle sera mentionnée ensuite dans la loi de cette sorte de phénomènes.

Sciences d'observation et sciences d'expérimentation.

25. Toutes les sciences de la nature ont commencé par être des sciences d'observation pure et simple, dit Claude Bernard; ce n'est que plus tard, grâce au

1. Auteur du *Novum organum*, initiateur de la méthode expérimentale dans les sciences de la nature.
2. Expression de Bacon.

progrès accompli dans l'analyse des phénomènes, que
« l'observateur s'est transformé en expérimentateur et
a imaginé des procédés d'investigation pour pénétrer
dans les corps et faire varier les conditions des phénomènes ». Mais il y a des sciences qui ne permettent
que l'observation et ne se prêtent pas à l'expérimentation, soit parce qu'on n'a pas de prises sur leurs
phénomènes, soit parce qu'ils ne sont pas susceptibles
de variation; on se borne alors à constater les faits
ou êtres donnés. Exemple : l'astronomie [1], la météo-
rologie, la zoologie et botanique descriptives, l'anatomie, sont des sciences d'observation pure. Au contraire, la physique, la chimie, la physiologie sont des
sciences où l'expérimentation s'ajoute à l'observation.
Claude Bernard a poussé vivement la physiologie et la
médecine dans les voies de la méthode d'expérimentation [2].

Du raisonnement expérimental.

26. Les faits, sans le raisonnement qui les interprète,
ne sont rien. Le raisonnement, l'activité de l'esprit
interviennent partout dans les sciences de la nature :
c'est ici, avons-nous dit, le raisonnement inductif pro-
cédant du particulier au général, dégageant du sein des
faits particuliers ce qu'il y a de commun et de constant
dans leurs conditions, dans leur forme, sous le nom
de *loi*. Mais il faut considérer ici, tout de suite après
l'expérimentation, l'*hypothèse*, qui y tient une si grande

1. L'astronomie, science mixte, a une part d'observation et une
part de calcul.
2. Sur l'observation et l'expérimentation dans les sciences morales, voir p. 51.

place, — l'hypothèse, élément très fécond du raisonnement expérimental [1].

L'hypothèse.

27. S'agit-il d'observer un fait donné, de noter ses éléments, alors on doit se garder de toute idée préconçue et se borner à constater, à enregistrer ce qu'on voit. Mais s'il s'agit d'expérimenter, d'instituer une expérience, ce n'est pas au hasard qu'on le pourra bien faire, ce n'est pas sans une *idée*, sans une vue anticipée, sans avoir imaginé une explication que l'expérience tentée a justement pour but de contrôler, soit en la justifiant, soit en la montrant fausse. Autrement, c'est-à-dire sans une idée préconçue, sans une hypothèse formée provisoirement, sans une cause ou explication supposée [2], comment dirigerait-on son expérience, comment en disposerait-on les conditions et circonstances dans un sens plutôt que dans l'autre? Ce ne serait là qu'une interrogation aveugle et indéterminée [3] qu'on adresserait à la nature, le plus souvent sans résultat.

1. Celui-ci, on le voit, ne succède pas seulement à l'expérimentation ; il intervient dans les expériences mêmes.

2 Un *pourquoi* ou un *comment*.

3. Cette façon de procéder n'est pas à proscrire absolument; mais elle ne trouve son emploi que dans les cas où nulle hypothèse n'a été suggérée, où nulle *idée* ne s'est fait jour. On combine alors des *expériences pour voir*, on *pêche en eau trouble* (Claude Bernard), dans l'espoir qu'il surgira quelque fait, quelque particularité propre à suggérer précisément une idée, à mettre sur la voie d'une explication, d'une hypothèse. Rapprocher cela des cas où, en géométrie, on déduit au hasard les conséquences de propositions, dans l'espoir d'en rencontrer une qui soit nouvelle, intéressante, ou même qui réponde par hasard à ce qui est cherché. Au contraire, instituer une expérience en vue de

Ainsi toute expérience est « une observation provoquée dans un but de contrôle ». Mais, si une expérience suppose une hypothèse ou anticipation de l'esprit qu'elle a pour but de contrôler, il arrive parfois qu'une hypothèse ou explication supposée d'un phénomène puisse être contrôlée, c'est-à-dire vérifiée ou montrée fausse, sans qu'il soit besoin d'instituer pour cet effet une expérience; il suffit quelquefois que des observations antérieures connues puissent être *invoquées* à l'appui de l'explication qu'on propose.

Très fréquemment, une hypothèse naît dans notre esprit à la suite de deux observations d'un fait qui, différant entre elles pour quelque chose, nous suggèrent une explication, nous font imaginer une cause du phénomène et de ses variations; puis nous provoquons le phénomène à reparaître plusieurs fois et dans des circonstances variées, bref, nous faisons des expériences, afin de contrôler par de nouvelles observations, provoquées celles-là, la valeur de notre hypothèse. D'autres fois, c'est une pure intuition, une sorte d'inspiration gratuite qui nous suggère l'hypothèse. Mais toujours, et dans ce dernier cas plus que jamais, une hypothèse doit être éprouvée, contrôlée, vérifiée par les faits : soit par les faits déjà connus et observés, soit par les faits qu'on provoque à cette fin en instituant une

vérifier une hypothèse, cela n'a-t-il pas une certaine analogie avec ce qui se fait en géométrie quand on part d'une solution ou d'un théorème supposés ? C'est que la marche essentielle de l'esprit dans la recherche de la vérité est une, malgré l'extrême différence des deux méthodes déductive et inductive. Claude Bernard, d'ailleurs, a remarqué qu'il entre quelque chose du raisonnement déductif dans le raisonnement expérimental ; en effet, celui qui fait une expérience pour vérifier une hypothèse raisonne ainsi : « Si mon explication générale du fait est vraie, tel cas particulier doit en résulter. » Et son expérience va répondre à cette question.

expérience. Si les faits recueillis ne sont rien sans l'idée qui les coordonne, l'idée préconçue ou hypothèse n'est rien à son tour sans les faits qui la contrôlent et la vérifient. Et n'oublions pas que, une fois l'expérience instituée, une fois le phénomène apparu, l'expérimentateur qui l'a provoqué doit redevenir simple observateur, c'est-à-dire qu'il doit constater le fait non au travers de son idée préconçue ou hypothèse, mais en lui-même et en oubliant son *idée;* puis, les résultats de l'expérience une fois constatés, l'expérimentateur les comparera avec son hypothèse et jugera s'ils confirment celle-ci ou s'ils la condamnent.

Toute hypothèse doit : 1° n'être démentie par aucun cas individuel constaté ; 2° rendre raison de tous les cas connus et de toutes les circonstances du fait qu'elle prétend expliquer.

Une hypothèse fausse, en suscitant des expériences destinées à la contrôler, peut être l'origine de constatations nouvelles qui mettront sur la voie de l'explication véritable. Celle-ci aura été elle-même, avant vérification faite, une simple hypothèse. Toute explication vraie fut une hypothèse qui s'est trouvée ensuite vérifiée; toute hypothèse est une explication supposée, anticipée, qui doit être soumise à la vérification par l'épreuve des faits.

Outre l'hypothèse tout de suite vérifiable et qu'on admet ou rejette après épreuve expérimentale, il est des hypothèses qui ne sont pas susceptibles d'une vérification positive ou qui du moins, avant cette vérification obtenue, subsistent cependant dans la science, à titre d'explications commodes groupant une masse de faits jusque-là sans lien aperçu : ainsi l'hypothèse de l'éther à propos de la lumière, celle de l'attraction universelle. L'hypothèse, bien entendu, reste hypothèse;

elle n'est reçue qu'à titre provisoire faute de mieux ;
mais, pourvu qu'aucun fait ne la contredise, elle peut
avoir sa valeur, son utilité [1]. Voir ce que dit Claude
Bernard sur les théories dans la science (*Intr. à la
médec. exp.*, p. 302 sqq.).

De l'analogie.

28. On forme des hypothèses et on imagine des
explications en raisonnant *par analogie*, si ce n'est toujours, du moins très fréquemment. Raisonner par analogie, c'est supposer entre les choses des ressemblances
cachées, sur la foi de certaines ressemblances connues.
Et alors, ou bien il n'y a nul rapport déterminé entre
les points sur lesquels il y a ressemblance constatée
et le point sur lequel on conjecture une ressemblance
de plus, ou bien il y a un rapport, mais plus ou moins
vague ou indéterminé. Ce qui sort de là, ce n'est d'ailleurs qu'une supposition, qu'un *peut-être* qui reste à
vérifier.

« Un argument fondé sur l'analogie est seulement
probable. La probabilité se mesure par la comparaison
du nombre et de l'importance des points de ressemblance avec le nombre et l'importance des points de
différence, *en tenant compte du nombre des propriétés
inconnues*, par rapport aux propriétés connues. » —
Exemple : « Le sodium et le potassium ont de nom-

1. Si l'on considérait l'hypothèse en dehors des sciences expérimentales, il faudrait mentionner en géométrie, comme hypothèses
invérifiables et même *paradoxales*, le fait de *considérer* le cercle,
par exemple, *comme* un polygone d'un nombre infini de côtés, et
les conceptions relatives à zéro limite. C'est un artifice de méthode, non une tentative d'explication. — L'atome, en chimie,
est une de ces hypothèses que Bain appelle des *fictions repré-
sentatives*.

breuses ressemblances et quelques différences. Il est par conséquent probable jusqu'à un certain point qu'un effet dû au sodium ou à un composé du sodium pourra dériver aussi du potassium ou d'un composé du potassium. » (Bain, *Logiq.*, trad. Compayré, t. II, p. 213.)

Le caractère de l'analogie (en tant qu'induction portant sur des données incomplètes et n'opérant pas sur des objets qui forment un *genre* un et constitué) est bien apparent dans le passage suivant, emprunté aussi à Bain; on remarquera surtout ce qui est dit des « caractères inconnus ». Il s'agit de la question : Les autres planètes que la Terre sont-elles habitées? — « Vénus et Mars [1] sont des masses qui gravitent comme la Terre et qui contiennent, nous le savons aujourd'hui [2] avec certitude, les mêmes substances que notre globe, des solides, des liquides, des gaz (*Ressemblances*). Mais nous ne saurions dire quel est au juste l'arrangement des substances qui constituent ces planètes, et, si nous considérons que chez nous tant de résultats divers dérivent de la disposition et des proportions d'éléments tels que le carbone et l'oxygène, nous devons croire que les *propriétés inconnues* des planètes sont très nombreuses et très importantes. La probabilité [3] qui résulte des points de ressemblance, si elle n'est pas considérablement modifiée par les différences connues, est du moins amoindrie par le grand nombre des caractères, inconnus. »

Mais l'analogie, prudemment maniée, pratiquée avec

---

1. Pour ne parler que de celles que leur distance au soleil ne rend pas vraisemblablement impropres à l'éclosion de la vie, soit par excès de chaleur (Mercure), soit par défaut (Uranus, Saturne).

2. Grâce à l'analyse spectrale.

3. Que ces planètes soient habitées, qu'elles portent des vivants, qu'elles *ressemblent* à la terre sous ce rapport.

tact, est un procédé riche en suggestions ; il met sur la voie, suscite des *idées*, fait soupçonner et aide à découvrir l'unité et l'identité là où elles n'apparaissaient pas : par exemple, « un même élément anatomique (quatrième tronçon du membre antérieur) dans le sabot d'un cheval, l'aile d'un oiseau, la nageoire d'un poisson [1]. »

Les quatre méthodes d'induction.

29. Stuart Mill (*Essai de logique déductive et inductive*, t. I, liv., III, ch., 8) [2] distingue quatre procédés d'investigation expérimentale, sous les noms suivants : 1° méthode de Concordance, 2° méthode de Différence, 3° méthode des Résidus, 4° méthode des Variations Concomitantes. Ce sont là les quatre moyens de vérification des hypothèses, les quatre moyens d'établir par preuve scientifique les vérités physiques. Rappelons-nous qu'il s'agit en général de « détacher du groupe des circonstances qui précèdent un phénomène celles auxquelles il est réellement lié par une loi invariable, » bref, sa cause ou condition.

MÉTHODE DE CONCORDANCE : On considérera comme cause la circonstance par laquelle tous les cas observés du phénomène se ressemblent (ou *concordent*), alors qu'ils diffèrent par toutes les autres (voir les exemples dans la *Logique* de Stuart Mill).

MÉTHODE DE DIFFÉRENCE (contre-épreuve de la précédente). Si, après un cas où le phénomène s'est produit, on supprime dans un second cas la circonstance

1. Voir Paul Janet, *Traité élémentaire de philosophie*, p. 493. Voir aussi J. Stuart Mill, *Logique inductive et déductive*, t. III.
2. Traduction L. Peisse, chez Germer Baillière, Paris.

supposée cause, toutes les autres restant les mêmes, et que le phénomène n'ait pas lieu, on considérera comme cause cette circonstance dont la disparition coïncide avec celle du phénomène. Méthode d'investigation expérimentale par excellence. (Exemples dans Stuart Mill).

Méthode des résidus. Dans un phénomène dont on a tout expliqué, sauf un reste, ce résidu inexpliqué sera considéré comme l'effet des circonstances restantes en dehors de celles qui ont servi pour rendre raison de la partie expliquée du phénomène (Exemples, Stuart Mill).

Méthode des variations concomitantes (confirmation des deux premières). Faire varier la circonstance qu'on suppose être cause, pour voir si ce qu'on croit son effet varie en proportion (Exemples, Stuart Mill).

Bacon avait exposé ces méthodes, celle des résidus exceptée (que Herschell avait pressentie) [1]. Bacon prescrivait en effet de dresser des tables de *présence*, d'*absence* et de *degré*.

Comparaison.

29 *bis*. Le procédé dit comparatif ou de comparaison a une grande importance dans les sciences de la nature ; ce qui précède en montre plus d'une application. Mais c'est surtout dans la biologie qu'il prend un grand développement. Pour déterminer les propriétés d'organes ou de tissus, on comparera deux animaux de la même espèce, ou le même soit à différentes phases, soit simultanément sur des parties similaires. La comparaison, surtout pour des propriétés mobiles et délicates, se

1. Voir Paul Janet, *Traité élémentaire de philosophie*, p. 491.

poursuivra, en outre, entre les sexes d'une même espèce, entre les différents organismes de la série animale, entre les états normaux et les états morbides ou pathologiques : comparaison portant sur les caractères géométriques, physiques, chimiques, de l'organisation, etc. [1]

Classifications.

30. Elles consistent à « ranger en *groupes distincts et subordonnés* les êtres de la nature, de manière à nous en faciliter l'étude et à en faire connaître la nature [2]. » Les sciences naturelles (des trois règnes), plutôt que les sciences physiques (physique et chimie), en font un grand usage. Laissons de côté les classifications médicales, pharmaceutiques (d'après les propriétés curatives des corps ou plantes), locales (d'après le lieu), les *index*. Les classifications *scientifiques* n'ont pas en vue, comme celles-ci, une fin d'utilité particulière et bornée; elles ont pour objet la *connaissance*. Parmi les classifications scientifiques, les unes se bornent à distribuer les êtres dans un ordre commode, permettant de reconnaître un minéral, une plante, un animal, d'après ses caractères visibles, et de le rapporter à première vue à sa place dans cette espèce de répertoire de la nature : ce sont là les classifications *artificielles*, qui ne prétendent qu'à être un tableau exact sous un ou plusieurs points de vue : par exemple, la classification des plantes par Linné, fondée sur la considération exclusive du système sexuel des plantes; certaines classifications artificielles tiennent compte de plusieurs caractères, mais visibles ou

<hr>

1. Voir l'emploi du procédé comparatif dans les sciences morales : psychologie, philologie, etc.
2. Paul Janet, *Ibid.*, p. 495.

saillants seulement. D'autres classifications, et celles-là sont dites *naturelles*, ont pour objet de représenter dans un tableau complet et pleinement instructif la nature totale et tous les rapports intéressants des objets ou êtres classés : c'est là une expression fidèle et détaillée de l'ordre même de la nature.

Une classification naturelle (Jussieu en botanique, Cuvier en zoologie) exigera donc la *comparaison générale* de tous les caractères (y compris mœurs, habitat, etc.) et de tous les organes, visibles ou non apparents, sous les divers points de vue (situation, nombre, figure, etc.).

Mais ni les caractères ni les organes n'ont une même importance : « La couleur d'un oiseau n'a pas la même importance que la forme de son bec, ni les instruments de défense (cornes, venin) la même importance que les organes de nutrition [1]. » De là un principe essentiel des classifications naturelles, ajouté à celui de la comparaison générale : c'est le principe de la *subordination des caractères*. Employer les caractères, comme base de classification, dans leur ordre d'importance décroissante. « L'importance d'un caractère est en raison de sa généralité et de sa constance. » Donc, les caractères généraux et dominateurs d'abord, les caractères moins communs et dérivés ensuite. C'est ainsi qu'on forme la classe des vertébrés et qu'on y comprend ensuite les mammifères, etc. La classification naturelle, soit des plantes, soit des animaux, etc., représente donc les *groupes naturels* dans une *succession* et une *hiérarchie organiques :* embranchements, classes, familles, ordres, genres, espèces.

---

1. Voir Paul Janet., *Ibid.*, auquel nous empruntons largement dans ce chapitre.

On le voit, deux choses sont essentielles dans les classifications naturelles : 1° établir le groupe, 2° juxtaposer les groupes dans un ordre consécutif. Des deux côtés, on devra tenir compte de ce que Bain appelle le « maximum de ressemblance », le « maximum d'affinité ». — a. « On « mettra ensemble dans un même groupe les objets qui possèdent en commun le plus grand nombre d'attributs importants [1]. C'est en vertu de ce principe que les animaux vertébrés ont été classés d'après les caractères essentiels de leur anatomie et de leur physiologie, tels que la façon de produire leurs petits, plutôt que d'après l'élément dans lequel ils vivent (terre, eau, air). La chauve-souris vit dans l'air, mais elle a des affinités plus réelles avec les quadrupèdes qu'avec les oiseaux. La baleine, le marsouin ont le sang chaud et allaitent leurs petits comme les quadrupèdes terrestres, bien que vivant dans la mer comme les poissons. » — b. « Les ordres naturels des plantes et des animaux sont disposés (dans la classification scientifique) de telle sorte que deux groupes placés côte à côte soient plus intimement unis, plus semblables que tout autre groupe qu'on aurait pu placer à côté... Ainsi M. Huxley plaide en faveur d'une distribution qui unirait les *proboscidiens* avec les *rongeurs* plutôt qu'avec les *artiodactyles* et les *périssodactyles*. Le rapprochement singulier des éléphants et des rongeurs a été, depuis Cuvier, l'objet d'un grand nombre de critiques. »

Remarque. La classification naturelle en zoologie :

Invertébrés : rayonnés, articulés, mollusques;

Vertébrés : poissons, reptiles, oiseaux, mammifères;

---

1. L'importance se mesure en grande partie au nombre des caractères dont un caractère est le signe, c'est-à-dire qui lui sont liés et dont sa présence annonce la présence.

a l'avantage de présenter (sauf quelques réserves) une progression d'après le degré de développement de la vie animale. Un tel ordre, appelé *sériaire*, par série, ou linéaire, ne se rencontre pas dans la classification des plantes : plus de ligne de progression continue ici ; « les monocotylédones ne sont pas tous inférieurs aux dicotylédones, et il n'y a pas de gradation non plus entre les *ordres naturels* de chacune de ces grandes divisions. » (Bain)

Autre remarque. Une classification naturelle et scientifique se fonde sur les affinités nombreuses et importantes ; mais celles-ci portent parfois sur des caractères intérieurs, non apparents et point faciles à saisir. De là une grande difficulté pour *déterminer* la place et le nom d'un être, en zoologie par exemple, à première vue et avant d'avoir poussé loin l'étude de cette science. Bain propose « d'organiser un système indépendant et artificiel, tel qu'un index, sorte de classification auxiliaire. » En botanique, en chimie, on y a pourvu. Dans la classification des maladies, en médecine (pour le *diagnostic*), on devrait aussi user du procédé auxiliaire de la classification *index*.

Terminologie et nomenclature.

31. Il y a des mots parfois tirés de la langue vulgaire, que chaque science emploie dans des acceptions qui lui sont propres et qu'elle définit : c'est là la *terminologie* d'une science. Exemples : point, ligne, etc., en mathématiques ; force, chaleur, air, etc., en physique ; affinités, composés, solutions, etc., en chimie ; sentiment, association, etc., en psychologie... La *nomenclature* est autre chose : elle répond, selon la remarque de Bain,

au but que poursuit la classification. Exemple les doubles noms de Linné pour désigner les espèces inférieures: *Ranunculus arvensis, Hirudo medicinalis,* appellations composées qui indiquent la place de l'espèce dans la classification. En chimie, la nomenclature a une importance et une richesse de signification exceptionnelles. *Protoxyde de fer* indique les éléments et leur proportion [1].

Comme exercice pratique à propos de la méthode expérimentale, rien ne sera plus utile aux élèves que de relire les relations de découvertes célèbres dans les sciences de la nature, et de s'exercer à reconnaître au passage et à désigner par leurs noms les procédés d'investigation, les artifices de méthode employés dans tel cas donné par un Pascal, par un Newton, par un Claude Bernard. Ce dernier, dans son *Introduction à la médecine expérimentale,* a lui-même fait ce travail pour son lecteur sur des *exemples* simples et instructifs : nous recommandons ces pages, excellent spécimen de méthodologie appliquée. L'élève pourra commencer par un exemple élémentaire et peu compliqué : soit les expériences de Périer, beau-frère de Pascal, au Puy-de-Dôme (19 sept. 1648), à propos de l'ascension du mercure dans le tube de Torricelli. Dans cette relation très connue, dans ce procès-verbal des expériences que Pascal avait suggérées à Périer, il est intéressant de noter au passage : 1° le *fait* initial (fontainiers de Florence), qui a fait surgir la *question,* c'est-à-dire qui a montré

---

1. Nous avons emprunté les passages cités à la Logique d'Alex. Bain.

l'insuffisance de l'explication ancienne (horreur du vide) et provoqué Torricelli à en chercher une autre; 2° la conception par Torricelli d'une *hypothèse*, ou explication, ou cause présumée (pesanteur de l'air); 3° la *conception* par Pascal de l'*expérience à faire* pour vérifier l'hypothèse (renouveler l'expérience de Torricelli au haut et au bas d'une montagne); 4° dans l'*exécution* de l'expérience, l'emploi de la méthode *comparative* par ce fait que Périer, de deux tubes marquant initialement le même niveau, confie l'un à un observateur immobile au pied de la montagne, et emporte l'autre dans son ascension; 5° (suite de l'exécution) on *fait varier les circonstances*, le milieu, etc., dans lesquels on observe (plusieurs observations furent faites, en plein air, à l'abri dans une chapelle, par la pluie, par le brouillard, le beau temps); 6° enfin, quelle est ici, des quatre méthodes de Stuart Mill, celle qu'on pratique? C'est celle des *Variations concomitantes :* faire varier la cause présumée pour voir si l'effet varie en proportion (la couche et, par suite, la pesanteur et pression de l'air variant à diverses hauteurs, le niveau du mercure varia en proportion). *Remarque.* Le *raisonnement expérimental* comprend ici les n°ˢ 2 et 3. Des exemples plus compliqués, en biologie surtout, rendront sensible la nécessité d'une extrême circonspection et d'une exceptionnelle subtilité parfois dans le maniement du raisonnement expérimental et dans l'interprétation des résultats de l'expérience. Comme exemple, non plus de *méthode d'investigation*, mais de ce qu'on entend par *explication* d'un phénomène, lire les pages de Berthelot citées dans les *Lectures de philosophie* de M. Charles, vol. II.

MÉTHODE MIXTE

(SCIENCES MORALES)

Union du procédé expérimental et du procédé démonstratif dans les sciences morales. — Conditions particulières de l'emploi des deux procédés dans les sciences morales. — L'observation et l'expérimentation dans les sciences morales. — La démonstration dans les sciences morales.

Sciences morales.

32. Par sciences morales, on entend celles qui ont pour objet soit l'esprit humain en lui-même, notre nature morale, ses phénomènes et ses lois (et Dieu esprit pur), soit les manifestations et les œuvres de l'esprit humain : on considère l'homme moral soit comme individu, soit en société.

Les sciences morales sont les sciences dites : 1° *philosophiques* (psychologie, logique, morale, esthétique, théodicée, métaphysique); 2° *sociales* (politique, économie, droit, jurisprudence, législation comparée); 3° *philologiques* (ayant pour objet le langage, les idiomes); enfin, 4° *historiques*.

Méthode mixte.

33. D'une manière générale, la méthode en usage dans les sciences morales est mixte; soit que, comme en psychologie (étude de l'âme), une partie expérimentale se juxtapose à une partie de raisonnement démons-

tratif [1], soit que les deux méthodes s'unissent et se fondent intimement dans le cours d'une même science. Remarquons que toujours, dans les sciences morales, la *déduction* se fait sans perdre de vue le réel, les *faits* observés ; en effet, très fréquemment les principes dont on poursuit l'application par voie de raisonnement sont eux-mêmes des faits généralisés, des lois obtenues par voie d'observation; et, alors même qu'on pose des principes purs *à priori*, comme en morale et dans le droit, encore doit-on, dans la déduction et l'application de ces principes purs, absolus, tenir compte de la réalité des faits et des conditions données de la nature humaine, sous peine de ne construire qu'une science abstraite, qui serait sans application à l'être humain ou au corps social pris comme ils sont. Envisageons, par exemple, la politique, ou science des principes et conditions du gouvernement. Cette science ne sera bien faite ni avec des idées pures et des principes *à priori* tout seuls, ni avec les seules données des faits et par la seule expérience destituée de principes supérieurs. D'un côté, on s'égarerait dans l'absolu; de l'autre, on tomberait dans l'empirisme. Dans la science économique, de même. (Science de la production, circulation, distribution et consommation des richesses).

Sciences philosophiques.

34. Il serait très difficile de montrer ici, sans entrer dans des détails hors de propos, comment en *psychologie*, en *logique*, en *esthétique*, en *morale*, dans la science de Dieu ou *théodicée*, dans la recherche des premiers principes, des premières causes, de l'essence et des fins der-

1. 1° Psychologie expérimentale ; 2° psychologie rationnelle.

nières des êtres en général (*métaphysique*), partout enfin dans les SCIENCES PHILOSOPHIQUES, on unit une part d'observations et d'inductions à une part de principes *à priori* et de raisonnements déductifs. Par exemple, même dans la science de Dieu ou théodicée, nous ne pouvons rien si nous n'unissons à l'idée pure de l'infini, du parfait, un contingent de faits pris dans la réalité. Certainement on ne saurait observer Dieu, il ne tombe pas sous notre expérience; mais, pour le prouver et le définir, il faut de toute nécessité jeter des regards attentifs et observateurs sur l'univers et sur notre propre nature morale.

Disons ici quelques mots sur la méthode de la psychologie ou science de l'âme. La psychologie comprend, avons-nous dit, deux sections : dans l'une on observe les faits de la vie interne ou vie morale (par opposition à la vie physique ou vie du corps), on décrit ces faits, on les classe, on en dégage les rapports constants et les lois; dans l'autre section de la psychologie, on raisonne sur l'essence du principe pensant (spiritualité) et sur la destinée de l'âme (immortalité). De ces deux sections de la psychologie, l'une expérimentale, l'autre métaphysique, nous allons considérer seulement la première : elle mérite une attention particulière, parce qu'elle est à la base des sciences philosophiques et même de toutes les sciences morales; toutes, en effet, exigent une connaissance plus ou moins étendue, mais exacte, du jeu des sentiments chez l'homme, du mécanisme de sa pensée, de l'influence du cœur et de l'esprit sur la volonté, du corps et du milieu extérieur sur le moral.

Dans notre siècle, la psychologie expérimentale a vu son objet s'agrandir et sa méthode s'enrichir de procédés nouveaux. Elle n'a fait que suivre, sur le second point, le progrès général des méthodes expérimentales.

Tant qu'on limitait la psychologie expérimentale à l'étude des faits de l'âme humaine chez un individu sain, adulte et civilisé, le psychologue se bornait en général à s'observer lui-même au-dedans par la conscience ou réflexion; rarement il avait les moyens d'expérimenter sur lui-même; plus fréquemment il contrôlait ses observations intérieures et individuelles par des observations faites à l'occasion sur autrui, usant ainsi modérément du procédé de comparaison. Mais le temps est venu où l'on a compris que la psychologie expérimentale doit embrasser l'analyse de tous les *états de conscience* [1] se manifestant à tous les degrés de l'échelle humaine et même de la série animale, dans toutes les phases du développement de la vie, dans les états anormaux et morbides aussi bien que sains, dans toutes les races et espèces [2]. Dès lors se sont développés dans une large proportion des procédés nouveaux d'investigation psychologique : l'observation au dehors et par le dehors, l'observation comparée en tous sens, l'expérimentation féconde. L'enquête sur les faits psychologiques s'est ainsi étendue et compliquée presque à l'infini [3].

Sciences sociales.

35. Le *droit*, nous l'avons dit, suppose des principes *que l'on pose à priori*, mais dont l'application exige à son tour la considération des circonstances locales, de milieu, de temps. La *législation comparée* est une étude de constatation, donc une étude de faits, en tant qu'on

---

1. Phénomènes de sensibilité, de pensée, de volonté.
2. C'est ce qu'on appelle psychologie comparée, psychologie sociale, psychologie ethnique.
3. Voir sur le même sujet, p. 51.

s'informe des diverses législations pour en dégager soit l'esprit différent, soit les traits communs; mais il faut le raisonnement déductif sitôt qu'on veut définir les raisons profondes des différences ou des analogies. La *jurisprudence*, qui ne fait qu'*appliquer* les principes qu'elle reçoit de la législation, parait être uniquement déductive; mais quelle attention n'y faut-il pas aux faits, aux conditions réelles et variables de l'époque, du milieu social, des circonstances générales! L'*économie* vit de faits positifs, de faits groupés, chiffrés, concernant la production, le crédit, le travail, les capitaux, la consommation, etc.; mais elle édifie sur ces faits des théories, des principes ou lois qui donneront lieu à d'incessantes applications déductives.

Sciences philologiques.

36. Il faut dire des sciences qui ont pour objet le langage en général ou les lois des divers idiomes en particulier, ou leur étude comparée, ce qu'on a dit à propos de la législation comparée.

Sciences historiques.

37. Elles embrassent non seulement les faits apparents et datés de l'ordre politique (guerres, traités, règnes, insurrections, etc.), mais aussi les faits de l'ordre économique, religieux, intellectuel, artistique, moral, et de plus les faits lentement produits et à cause de cela inaperçus à première vue, les changements profonds survenus dans les mœurs, dans les croyances, dans les habitudes de l'esprit public. Quoique n'affectant pas d'abord d'une façon visible la surface de la vie sociale,

ce sont là les éléments secrets et réels qui modifieront ensuite le cours des événements apparents de l'histoire. Nous parlerons à part de l'histoire proprement dite ; mais il faut noter ici que ce qu'on appelle *philosophie de l'histoire* [1] ne va pas sans une masse considérable de faits historiques bien connus, d'une part, et, de l'autre, sans des principes certains tirés eux-mêmes de la connaissance de l'esprit humain, principes qui devront présider à nos généralisations, les diriger et en rectifier les écarts.

38. *Sociologie.* Sous ce nom, on désigne depuis Auguste Comte [2], fondateur de la philosophie positive, une science nouvelle (ou plutôt future) très complexe, qui, utilisant les données des sciences précédentes, en tirerait une théorie exacte de l'organisme des sociétés, de ses fonctions et de leurs rapports, de ses phases, de son évolution et de ses lois. Que les faits et l'observation y soient indispensables, cela ne fait aucun doute ; mais la méthode expérimentale toute seule n'y saurait suffire : il y faudra des principes arrêtés, reconnus, avoués en commun, ne fût-ce que touchant la valeur du fait d'existence en société, sa portée et la part qu'y doivent avoir l'idée pure du droit et les conceptions *à priori* de la science morale.

Conditions de l'emploi des deux méthodes dans les sciences morales.

MÉTHODE EXPÉRIMENTALE

39. La méthode d'observation et d'expérimentation est sujette dans les sciences morales à des complications

1. C'est-à-dire l'ensemble des vues générales et des lois communes, concernant la marche des peuples et de l'humanité, vues et lois qu'on pourra dégager du sein des différentes histoires.

2. Philosophe français de ce siècle.

qui en rendent le maniement tantôt plus délicat, tantôt
plus borné que dans les sciences de la nature. S'agit-il,
par exemple, de psychologie, l'observation intérieure
et directe par la réflexion, l'observation indirecte des
faits de conscience chez autrui seront choses parfois très
difficiles et qui exigeront d'autant plus de circonspection et de tact qu'ici les éléments des phénomènes [1] sont
plus confondus, plus intimement mêlés encore qu'en
chimie, et qu'on ne saurait les isoler, les détacher, si ce
n'est fictivement et par un effort d'abstraction de l'esprit. Ajoutons qu'ils ne se distinguent pas aussi aisément
par des caractères spécifiques très tranchés, qu'ils ne
sont pas exactement mesurables [2], enfin qu'ils ne sont
pas toujours observables au moment même où ils se
produisent [3]. Dans les sciences sociales, l'observation
sera sujette à des difficultés plus grandes encore quand
il s'agira de ces grands faits sociaux lents à se produire et peu apparents (changements du goût public,
des mœurs, des besoins, etc.), dont l'histoire, l'économie, la politique, etc., doivent déterminer les éléments,
les phases, les causes, les effets et les lois.

Quant à l'expérimentation, quant aux *expériences*
qu'on pourrait instituer dans les sciences morales, remarquons d'abord qu'elles seraient inadmissibles et blâ-
mables dans les sciences sociales, si l'on entendait par
là le fait de porter des lois, par exemple pour en essayer
l'effet, ou de créer artificiellement des perturbations dans

---

1. De sensibilité, de pensée, de volonté.

2. On a essayé d'appliquer indirectement la mesure aux états
de l'âme, aux sensations par exemple, en mesurant l'intensité
de l'excitation nerveuse et les phénomènes physiologiques, mé-
caniques et caloriques qui accompagnent dans le corps la production des faits de l'âme.

3. Cela est vrai de certains états d'âme, la colère par exemple,
qu'on ne peut pas en même temps ressentir et analyser.

l'ordre économique ou des courants dans l'opinion publique, à cette seule fin d'en observer les résultats au profit de la science politique ou économique. Mais, en psychologie, l'expérimentation a sa place. Un psychologue fait une expérience quand il se fait éveiller à un moment précis de son sommeil pour observer les phénomènes de son réveil, et cela après avoir disposé lui-même les conditions particulières, physiques ou morales, dans lesquelles il s'est laissé aller au sommeil. Mais bien peu de phénomènes de l'âme, en somme, sont matière à expériences dans l'état sain et normal, soit parce qu'il y en a qu'il serait immoral de provoquer chez soi, soit parce qu'on n'est pas en mesure de provoquer à volonté les états d'âme ou faits psychologiques. L'expérimentation est plus fréquente sur autrui (sous les réserves que la moralité commande), et cela dans les cas de maladies, d'affections nerveuses, etc., c'est-à-dire dans des conditions *anormales*. Rien n'est plus instructif, en fait, que ces cas-là [1], qui sont des expériences toutes préparées par la nature et où l'expérimentateur n'intervient que très discrètement : expériences très propres à nous révéler le mécanisme de la vie de l'esprit, ses fonctions et leur rapport entre elles, le tout étant observé alors dans un état de dérangement qui met à nu chez le sujet, en nous les montrant séparés ou en conflit, les éléments que l'état normal nous dissimulait en les confondant dans son harmonie.

Les expériences du docteur Charcot à l'hospice de la Salpétrière sur des sujets atteints de névrose, d'hémiplégie, de catalepsie, d'hystérie, sont de nature à éclairer d'une lumière nouvelle les fonctions de la sensibilité et

1. Rapprocher de l'expérimentation en physiologie, qui se fait fréquemment dans des cas pathologiques et dans des conditions perturbatrices.

de la pensée (affections, sentiments, mémoire, langage, associations d'idées, raisonnement, etc.), tant en
elles-mêmes que dans leurs rapports avec les organes,
les nerfs et les fonctions du cerveau.

La *comparaison* est un procédé essentiellement fécond
en psychologie et très utile encore dans toutes les autres
sciences morales : comparaison entre les divers sujets
ou du même en différentes phases, et, en dehors des
observations appliquées aux cas morbides, comparaison
entre les manières de sentir, de penser ou d'agir des
différents âges, sexes, peuples et races.

MÉTHODE DÉMONSTRATIVE DANS LES SCIENCES MORALES

40. Y a-t-il de véritables démonstrations dans les
sciences morales? Cela revient à demander s'il y a dans
ces sciences de réels *principes*, indiscutables, incon-
testés comme ceux de la géométrie, et des définitions de
même valeur. Distinguons, d'une part, les principes qui
ne sont que des faits d'observation généralisés, que
des lois reconnues par induction, dont on peut tirer
ensuite déductivement des applications très légitimes,
et, d'autre part, les principes *à priori*, les définitions
qu'on pose avant toute observation de fait et au-dessus
des faits : en morale, par exemple, la loi du devoir, la
définition du bien; dans la science du juriste, la définition du droit, empruntée à la morale; d'autres en
politique, qui sont de même origine. Sans doute ces
principes mêmes ont trouvé des sceptiques pour les
contester : ce sont pourtant les meilleurs qu'on puisse
invoquer en témoignage quand on veut prouver qu'il
y a des principes certains en dehors de la géométrie, et
par suite de véritables démonstrations ailleurs qu'en

géométrie. Seulement nous devons rappeler qu'en matière de sciences morales les déductions et applications des principes les mieux assis sont assujetties, vu la complexité des objets, vu la nature faible, changeante et *libre* des êtres humains, à des restrictions, à des tempéraments, à bien des chances d'erreur enfin : ce qui fait que les démonstrations y égalent très rarement la pleine certitude et le caractère rigoureusement déterminé des démonstrations mathématiques.

La méthode déductive est propre à la découverte dans les sciences morales, là où elle est de mise, aussi bien qu'en géométrie. L'analyse des géomètres, telle que nous l'avons définie, n'appartient pas aux seuls géomètres : elle trouve son emploi en métaphysique, dans la morale abstraite, dans la philosophie du droit, etc., où les idées et les propositions sont enchaînées par des rapports logiques inflexibles [1].

1. Parler à ce propos de la *loi des grands nombres.*

MÉTHODE DE L'HISTOIRE

Méthode de l'histoire proprement dite [1].

11. L'histoire est une science qui a ceci de particulier, d'unique même, qu'elle a pour objet le fait individuel, ce qui s'est passé ici ou là. à tel moment, en tel lieu : les autres sciences, au contraire, ne vivent que de généralités, même les sciences d'observation, qui ne considèrent les faits individuels que pour en dégager les lois générales.

En outre, les faits que l'histoire considère sont passés, donc inobservables en eux-mêmes. L'historien y supplée au moyen des témoignages [2] parlés ou écrits qu'il recueille, et des monuments et vestiges qu'il interroge. La *critique des témoignages*, voilà l'essentiel de la méthode historique : par là, on entend l'ensemble des règles qui président à l'emploi judicieux et correct des moyens d'information propres à l'historien. On verra que, si l'histoire est une science de faits et de constatation, le raisonnement y intervient à tout moment dans l'examen

1. Par opposition à la philosophie de l'histoire.
2. Le témoignage est mis à contribution dans toutes les sciences, sous des formes diverses : le physicien utilise les expériences consignées dans les ouvrages d'autrui, et le mathématicien les calculs que d'autres ont faits.

des motifs de croire ou de récuser les témoins, dans l'interprétation des documents et des indices.

Les règles de la critique du témoignage sont relatives. 1° aux témoins, 2° aux témoignages, 3° à la chose attestée.

Les témoins.

42. Il y en a un ou plusieurs : un seul, mais grave, suffit parfois. Dans le cas de pluralité [1], l'accord et l'unanimité sont bien rares, et ne suffisent même pas toujours comme garantie d'exactitude : ils peuvent s'être trompés, avoir voulu tromper. Ce qu'il faut donc examiner, ce dont on doit s'assurer chez le témoin, c'est la *capacité*, la clairvoyance; c'est aussi la *véracité*, la sincérité que nul intérêt personnel ou de parti, nul esprit de système ne corrompent. Les témoins sont oculaires ou auriculaires, selon qu'ils ont *vu* ou *entendu dire*, ceux-ci plus sujets à caution.

Les témoignages

43. Les sources de l'histoire sont :

1° Les *traditions orales*, légendes et chants populaires, contenant des allusions à des faits historiques, et qui se transmettent, non sans être altérés, de bouche en bouche, ce qui exige une grande circonspection dans l'usage de ce moyen d'information;

2° Les *monuments*, ou vestiges matériels des temps passés : édifices, colonnes, tombeaux, armes, bijoux (archéologie), médailles, monnaies (numismatique), inscriptions (épigraphie); et encore les actes officiels, char-

---

1. S'il y a désaccord, le nombre des témoins ne devra pas l'emporter sur la valeur et le poids.

les, diplomes et archives (diplomatique). La critique
s'appliquera ici à établir l'authenticité des monuments
et à contrôler la sincérité des énonciations contenues
dans les mentions, inscriptions ou pièces d'archives.

3° Les *relations écrites* ; elles sont de plusieurs sortes :
rapports, bulletins, journaux privés, mémoires écrits
par les particuliers, annales, histoires écrites par des
auteurs, soit contemporains des faits qu'ils racontent,
soit postérieurs. Il faudra, à l'égard de toutes ces
sources, établir leur authenticité [1], c'est-à-dire vérifier
si les écrits sont bien du temps et de la plume auxquels
ils sont attribués, s'assurer du véritable sens des textes,
parfois obscurs ou équivoques, et peser leur valeur de
témoignage en contrôlant ces sources les unes par les
autres et en s'assurant de la compétence et sincérité de
leurs auteurs tant en général que sur chaque point
particulier [2].

La chose attestée.

44. On exige que le fait attesté ne soit pas impossible
et absurde : autrement, tous les témoignages du monde
n'y feraient rien. S'il est seulement invraisemblable, ce
ne sera pas une raison de le rejeter, mais un motif de
se montrer plus circonspect et plus sévère dans la critique des témoignages.

1. L'art de vérifier les textes en les confrontant avec les ma-
nuscrits originaux, quand ils subsistent, exige les lumières de la
paléographie ou science des écritures anciennes.

2. Consulter P. Janet, *Traité élémentaire de philosophie*, où
cette question est exposée avec détail.

DE LA CLASSIFICATION DES SCIENCES

OU TABLEAU ENCYCLOPÉDIQUE

45. Rien n'est plus malaisé que de fixer une classification irréprochable des sciences. Leur nombre s'est accru et doit s'accroître encore dans l'avenir, grâce à la subdivision naturelle qu'introduit dans une même science le progrès de l'analyse. Aristote et d'autres dans l'antiquité avaient distribué les sciences à leur manière ; Bacon dressa un nouveau tableau ou système du savoir humain ; Locke, Descartes et Leibnitz ont exposé leurs vues sur ce même sujet ; Diderot et d'Alembert de même (au commencement de leur *Encyclopédie*), ainsi que de Tracy, Daunou, Ampère, etc.

Auguste Comte, fondateur du positivisme en France, a proposé de distribuer toutes les sciences suivant une unique série continue, d'après leur ordre de généralité décroissante, de complexité croissante et de dépendance ; en sorte que la seconde sera moins générale par son objet que la première et plus générale que la troisième, ainsi de suite ; mais elle sera plus complexe par son objet que la première et moins que la troisième, etc. ; enfin, à partir de la seconde, chaque science supposera la précédente ou les précédentes et sera supposée par les suivantes.

Auguste Comte se flattait en outre que la série des sciences ainsi construite reproduisait l'ordre historique du développement du savoir humain :

Mathématiques. Astronomie. Physique. Chimie. Biologie [1]. *Sociologie.*

Il pensait que cet ordre est en même temps celui dans lequel ces sciences doivent être enseignées.

M. Herbert Spencer, philosophe anglais contemporain, a critiqué cette classification des sciences en ce qui concerne leurs vrais rapports de dépendance et la date de leurs développements historiques, laquelle ne concorde pas, d'après lui, avec le principe de généralité décroissante. Il propose donc de distinguer les sciences en *abstraites*, *abstraites-concrètes*, et *concrètes ;* et, dans chaque catégorie, il distingue des groupes d'après le degré de généralité des lois dont s'occupent les diverses sciences particulières [2].

Quelle que soit la base de classification qu'on adopte dans le tableau encyclopédique, le nombre des sciences particulières restera le même : leur place dans le tableau sera seule changée. Il n'appartient à personne de rayer un ordre de questions et de nier la science qui y correspond. Ceux-là même qui refusent, par exemple, comme les positivistes, le nom de sciences à la métaphysique et à la théodicée sont tenus comme les autres de les mentionner au tableau, ne fût-ce que comme ordres distincts et très réels de problèmes répondant à une impérieuse curiosité de l'esprit humain. — Une condition qui semble exigible pour qu'une classification des sciences soit unanimement acceptée, c'est sans doute qu'elle ne soit pas liée à des vues systématiques admises par les

---

1. Dans laquelle il comprend et absorbe arbitrairement l'étude des faits que nous appelons psychologiques, considérés chez l'individu. D'autres classifications, au contraire, s'attachent à marquer la distinction qui existe entre les sciences de la matière et celles de l'esprit.

2. Consulter, dans les *Premiers principes* de Herbert Spencer, l'introduction par M. Cazelles, § VIII.

uns, rejetées par les autres. A ce titre, la série d'Auguste Comte a un double tort : 1° elle fait de la vie morale chez l'individu un même tout et un même objet avec la vie organique, sous le nom de biologie ; 2° elle enveloppe la morale dans la sociologie, quoiqu'il ne soit pas du tout accordé que nos devoirs sociaux soient le tout de nos devoirs ni même leur unique principe.

MORALE

DÉFINITION ET DIVISIONS

DE LA SCIENCE MORALE

1. La morale, ou science des mœurs, a pour objet : 1° de définir la règle générale de notre conduite (morale théorique ou générale), et 2° d'énumérer tous les préceptes particuliers qui sont contenus implicitement dans cette règle générale (morale pratique ou particulière). Nous ferons voir que la règle de notre conduite, c'est le *devoir*, et non le *plaisir* ou l'*intérêt*, non le *sentiment;* c'est pourquoi nous pouvons dès maintenant appeler la morale théorique *science du devoir*, et la morale pratique *science des devoirs.*

Dans la morale théorique ou générale, on recherche s'il y a une loi de la volonté et des actions libres, et quelle est la formule de cette loi.

Dans la morale pratique ou particulière, on envisage l'homme dans les différents rapports qu'il soutient avec lui-même, avec ses semblables et avec Dieu ; on dénombre les diverses situations où il est engagé dans la vie, les diverses catégories de ses actions, et on dégage pour chacune d'elles les applications particulières de la loi générale de la conduite.

Il est à peine besoin de faire remarquer que le mot *conduite* ne désigne ici que l'ensemble de nos actes conscients, réfléchis, délibérés et volontaires ; il faut exclure de l'objet de la morale toutes nos actions soit inconscientes et involontaires, soit *indifférentes* (comme, par exemple, partir du pied droit plutôt que du gauche).

Utilité de la science morale.

2. 1° *Utilité de la morale théorique.* — La loi du devoir a été niée positivement par certaines écoles : il est donc utile de la mettre en lumière par une discussion exacte et scientifique. L'idée du devoir a été mêlée et confondue avec d'autres (intérêt général, sympathie) ; il est donc utile de la dégager de tout alliage et de la présenter dans sa pureté. Enfin les vérités morales, étudiées de près et rapportées à leurs principes, nous deviennent plus chères, plus sacrées; rapprochées de leurs conséquences (justice finale, vie future), elles nous apparaissent plus douces et s'unissent dans notre esprit et dans notre cœur à des pensées consolantes.

2° *Utilité de la morale pratique.* L'exacte connaissance de nos devoirs est profitable à notre moralité; et c'est même un devoir essentiel de bien connaître tous nos devoirs : on en néglige beaucoup par ignorance ; on juge mal de la gravité de certains manquements par le même motif. Ainsi, qu'on ne dise pas que la conscience suffit, sans la science, à qui veut faire tout son devoir. Sans doute la conscience ignorante, si elle ne l'est pas par sa faute, mais par le défaut d'éducation, est capable d'une haute moralité, d'une véritable délicatesse morale chez certaines personnes; mais les mêmes, bien instruites, feraient mieux, parce qu'elles verraient mieux toute l'étendue du bien et toutes les exigences du devoir. — Ajoutons que, dans les circonstances douteuses où le devoir est malaisé à discerner [1] malgré toute la bonne volonté possible, les clartés de la science morale et de l'analyse seront toujours d'un grand secours pour adoucir ce qu'ont parfois de poignant les incertitudes et les angoisses de la conscience.

1. C'est ce que nous appellerons *conflits des devoirs*, voir p. 85.

MORALE THÉORIQUE OU GÉNÉRALE

Méthode pour découvrir la loi de notre conduite.

3. Pour découvrir la véritable règle de nos actions volontaires ou la loi générale de notre conduite, il y a deux méthodes : l'une *à priori*, par voie de raisonnement déductif, par principes et conséquences; l'autre *à posteriori*, fondée sur certains faits constatés dans la nature humaine.

Première méthode. Tout être a sa loi. — Telle est la nature d'un être, telle devra être sa loi. — Or l'homme est essentiellement un être intelligent et libre [1]. — J'en déduis que la loi de la conduite humaine devra être une loi *universelle* et *fixe*, *intelligible* et *claire*, *absolue* et *obligatoire*, toujours *praticable*. Justifions cela en quelques mots. Tout être a sa loi, c'est-à-dire est astreint à un ordre, que cet ordre soit connu de nous ou ignoré : sinon, ce serait le chaos et l'inintelligible. L'être libre, la liberté ont aussi leur loi, car, qui dit libre arbitre ne dit pas anarchie pure : la liberté est d'un tel prix, d'une telle excellence qu'elle ne saurait exister sans avoir une raison, un sens, une fin, donc une loi. — La liberté, semblable à elle-même chez tous les êtres qui en sont doués, a chez tous même fin, donc même loi. — L'être libre est chargé d'accomplir lui-même et

---

1. Il est aussi un être *sensible* : on verra l'importance de cet élément de notre nature à propos du mérite et du démérite, à propos aussi des sanctions de la loi morale.

4.

volontairement sa loi : il devra donc la connaître, comprendre en toute circonstance ce qu'elle commande, et la reconnaître aussi. — Cette loi ne conseillera pas seulement, sinon plus de loi ; elle commandera donc. Mais elle ne contraindra pas, sinon plus de liberté. Libre de la violer, il faut que je ne le sois pas de la nier. — Enfin, vu qu'elle oblige, vu qu'elle apparait comme une *nécessité morale* impérieuse, il sera nécessaire qu'il soit toujours en mon pouvoir de lui obéir : ce qui aura lieu si elle ne commande que ce qui est en mon pouvoir. A l'impossible nul n'est tenu.

On pourrait, par cette première méthode tout *à priori*, découvrir la règle générale de notre conduite et discerner infailliblement, parmi les différentes *lois* que les écoles de moralistes ont proposées, la loi véritable et unique : ce sera, en effet, celle qui présentera tous les caractères que nous avons énoncés.

2e *Méthode.* — On observe chez l'homme, sous le nom de *faits moraux*, certains phénomènes de l'esprit et du cœur qui attestent l'existence d'une loi de notre conduite, et dont une seule loi, parmi celles que proposent les différents systèmes, est capable de rendre raison. Voici ces phénomènes : ce sont les *jugements* d'approbation et de désapprobation morale, les jugements de mérite et de démérite ; les *sentiments* d'estime et de mépris, de respect et d'indignation, la satisfaction de conscience, le remords, le repentir. On a tenté [1], mais vainement, de défigurer ces faits pour les accommoder à certains systèmes qui se trouvaient fort embarrassés devant eux. L'analyse fidèle nous révèle une chose : c'est que les jugements et sentiments énumérés sous le nom de *faits moraux* nous sont inspirés par les actions d'autrui et par les nôtres pro-

1. La Rochefoucauld, Hobbes, Bentham, etc.

près, ces actions étant envisagées non pas au point de vue de leurs résultats agréables ou pénibles, utiles ou nuisibles soit à nous-mêmes, soit à leurs auteurs, mais en tant que ces actions nous apparaissent bonnes ou mauvaises *en elles-mêmes*, c'est-à-dire faites ou non comme elles *doivent* l'être, conformes ou non à un certain *idéal* des actions, bref à une *loi* impérative de la conduite. Et sera la loi cherchée celle qui concordera avec tous ces faits moraux.

Des deux méthodes exposées, laquelle emploierons-nous? Nous les utiliserons l'une et l'autre; nous demanderons à chacune des prétendues lois de la conduite formulées par les diverses écoles de moralistes : 1° si elle présente les caractères requis (méthode à *priori*); 2° si elle concorde avec les faits moraux et si elle est capable d'en rendre compte (méthode *à posteriori*) [1].

Les diverses écoles de moralistes; divers systèmes dans chaque école

4. On a compris et formulé la loi de notre conduite de bien des manières, très différentes entre elles, et dont une seule est la bonne. Mais on peut les distribuer toutes en trois groupes, et voici comment. Nous agissons par trois motifs [2] ou mobiles : par *égoïsme*, par *sympathie* ou par *devoir*. Dès lors les philosophes moralistes, qui ont conçu différentes manières de comprendre la vie

1. Cette méthode de recherche de la loi morale paraîtra sans doute surannée. Nous en usons ici comme d'un cadre d'exposition commode.

2. *Motifs* se dit des raisons d'agir ou de vouloir qui sont des jugements, des vues de l'esprit ou intelligence; *mobiles* se dit des sollicitations à agir ou à vouloir qui sont des mouvements de la sensibilité, désirs, affections, etc.

humaine et, par suite, de la régler ont été conduits à rapporter tout, les uns à l'*utilité* (morale du plaisir, du bonheur, de l'intérêt), les autres à la *sympathie* et au sentiment (morale symphatique, sentimentale), les autres au *devoir*, au bien, à la raison (morale rationnelle). C'est dans cet ordre même que nous allons examiner les différents systèmes proposés, jusqu'à ce que nous arrivions à nous fixer dans celui qui est le bon et qui nous présente la véritable loi de notre conduite. On verra combien de systèmes ont été proposés dans chacune des trois écoles, et par suite combien de lois.

MORALE ÉGOISTE, MORALE UTILITAIRE

Examen de la doctrine égoïste et utilitaire : le plaisir et le bonheur, l'agréable et l'utile (et l'intérêt général).

5. Ce qu'il y a de commun à tous les partisans de cette école, si différents qu'ils soient entre eux, c'est la maxime suivante : *Une action est bonne ou mauvaise uniquement à raison de la somme de bien-être qu'elle est apte à produire.* Action bonne, c'est-à-dire action *agréable* ou action *utile* [1]. Cela posé, il faut distinguer deux catégories de partisans de la doctrine du plaisir ou de l'intérêt : d'un côté ceux qui veulent que je tienne compte de mon seul plaisir, de mon unique intérêt à moi (morale égoïste); de l'autre ceux qui veulent que je considère aussi l'utilité d'autrui (doctrine de l'intérêt général).

Morale égoïste.

L'agréable et l'utile, c'est-à-dire le plaisir et l'intérêt, sont d'abord envisagés au point de vue égoïste. De là trois systèmes, trois manières de régler la vie, ou, comme on dit par abus de langage, trois doctrines morales, bien qu'elles n'aient en fait rien de moral.

---

1. Distinction qui, théoriquement, est fondée, car mon utilité m'engage souvent à sacrifier un plaisir; mais, en fait, l'utile n'est rien de plus que le caractère ou la propriété de ce qui est apte à procurer de l'agrément, du bien-être. Le plaisir sacrifié à l'utilité, c'est un plaisir présent sacrifié à un plaisir futur et plus grand.

1° **Plaisir immédiat et quelconque.**

6. *Cherche le plaisir, fuis la douleur, à tout moment, ne pensant qu'au présent.* Cette doctrine du plaisir immédiat et quelconque ne mérite pas l'examen; la brute elle-même ne s'abandonne pas tout à fait à l'appétit du moment, mais elle sait se priver, se borner, s'interdire tel plaisir qu'il faudrait payer ensuite au prix d'une souffrance.

2° **Plaisir calculé, intérêt bien entendu, bonheur.**

7. « *Ménage tes plaisirs, calcule, prévois, agis selon ton intérêt bien entendu et de manière à te procurer la plus grande somme possible de bien-être, de plaisir, dans le cours entier de la vie.* » — Dans cette poursuite du *bonheur*, il faudra comparer les plaisirs entre eux et les évaluer en tenant compte des éléments suivants : *durée* du plaisir, *intensité* du plaisir, *proximité* du plaisir ou son éloignement dans l'avenir, *certitude* du plaisir ou simple probabilité, enfin *mélange* de douleur ou non [1]. Cette doctrine de l'intérêt bien entendu ou de la recherche du bonheur est moins indigne de l'homme que la précédente; l'intelligence l'éclaire et la relève; on y pratique l'art ingénieux des sacrifices utiles, des privations et des souffrances endurées prudemment en vue de s'assurer dans l'avenir un capital de jouissances et de bien-être à repartir sur toute la durée de la vie. Mais est-il vrai que l' « art de bien vivre » doive être réduit à cela et que le plaisir soit le tout de la vie,

1. Jérémie Bentham, Anglais, au xviiie siècle a développé ce point avec sagacité.

pourvu seulement qu'on y ajoute le talent de faire « feu qui dure »? La règle de l'intérêt bien entendu, du bonheur, de l'égoïsme avisé et calculateur est-elle la loi, toute la loi de notre conduite? D'abord, rien de plus variable que le plaisir et que les manières d'entendre le bonheur; rien de moins aisé que de démêler la bonne, à ne considérer que le plaisir; rien de plus compliqué que cette perpétuelle arithmétique de la jouissance qui, pour la comparaison et le choix des plaisirs, exige à tout moment la considération attentive et sagace de tout ce qui est de nature à influer de près ou de loin sur nos plaisirs présents ou futurs. Où est donc jusqu'ici le caractère *universel et fixe, intelligible et clair* de la règle de conduite proposée? En outre, mon plaisir, mon intérêt ne sauraient me commander; je ne suis nullement *obligé* de faire mon propre bonheur. Enfin, après que j'aurai bien calculé, prévu, comparé en vue de me procurer du plaisir et d'assurer mon bonheur, le résultat (qui ne dépend pas de moi) peut démentir tous mes calculs et faire sortir souffrance et malheur de toutes les dispositions que j'ai concertées pour une fin justement contraire. Cette règle de conduite n'est donc pas *toujours praticable*, en telle sorte que le but qu'elle propose soit toujours possible à atteindre.

En outre, cette prétendue règle de notre conduite heurte de front tous les *faits moraux*. Bien loin que toute action faite en vue de mon intérêt bien entendu soit à mes yeux *bonne* et *méritoire,* comme il devrait en arriver si cette règle était la vraie loi, tout au contraire ma conscience *approuve* hautement toute action par laquelle je sacrifie mon intérêt, mon bonheur et ma vie même à quelque chose de plus respectable et de plus haut; ma conscience *condamne,* elle flétrit mon acte s'il sacrifie à mon intérêt et à mon égoïsme le plus humble devoir, et cela quelle que soit la somme de jouissance que cet acte me procure. Ai-je du *remords* de n'avoir pas rencontré le bonheur où je le cherchais? Le bonheur acquis par de vilains moyens me procure-t-il une douce *satisfaction de conscience?* Même acquis par des moyens licites, je m'applaudis de mon bonheur, je m'en félicite comme d'un succès; mais je ne m'*estime* pas pour ce motif. On méprise, dit-on, le misérable, le vaincu de la fortune; on estime les heureux du monde. Non! on peut dédaigner le premier, et on a tort, mais on ne le *méprise* pas; on considère les seconds, on les envie, mais l'estime est tout autre chose. Devant le misérable qui se montre héros de vertu, ma conscience s'incline, je le *respecte :* voilà l'estime. Devant le malhonnête homme triomphant et placé haut ma tête s'incline; ma conscience, mon esprit ne s'inclinent pas [1].

3° **Plaisirs nobles et choisis.**

8. « *Recherche les plaisirs délicats, relevés.* » Cette manière de régler la conduire est séduisante d'abord; elle semble même de nature à satisfaire de tout point si l'on songe que les plaisirs nobles et choisis comprennent non pas tant la fleur des jouissances sensuelles les plus exquises que celle de l'art, de l'étude, de l'amitié, de la vertu. Epicure l'entendait ainsi et il déclarait les plaisirs de l'esprit préférables à ceux du corps. Quel attrait, quelle bonne mine ne trouve-t-on pas à la manière de vivre de ces épicuriens distingués et aimables dont l'existence est une charmante œuvre d'art, épris des fines jouissances, indulgents à eux-mêmes, amis de

1. Fontenelle cité par Kant.

leur repos, bienveillants à autrui, sociables, et voulant tout le monde heureux autour d'eux, afin que rien ne gâte leur propre bonheur! Ne semble-t-il pas que ce soit là « bien vivre », et que demanderons-nous de plus?

Il y a beaucoup à dire cependant contre la doctrine du plaisir délicat. D'abord, c'est toujours le plaisir; « musqué ou non, il n'importe », comme dit Mme de Sévigné; c'est le plaisir encore, et le plaisir, le bonheur ne sauraient être le tout de la vie, son unique affaire. Cet égoïsme accommodant reste égoïsme. Nulle *fixité*, nul caractère *obligatoire*, nul moyen d'imposer à qui n'en veut pas ou n'en est pas capable les plaisirs nobles; partant, nul caractère d'*universalité*, de *clarté* pour tous, nulle force *impérative* dans le précepte. Est-il au moins *toujours praticable?* Il est trop vrai qu'il n'en est rien et que les plus délicates âmes ne sont pas elles-mêmes à toute heure en état de sentir les jouissances nobles, elles ne sont pas toujours *en goût*. Que dire des âmes grossières?

Ce précepte, dit-on, a ceci pour lui que la conscience l'avoue et qu'il ne contredit point les faits moraux. Mais on se hâte trop d'en décider : la logique inflexible de la conscience n'a pas autant d'indulgence qu'on se plaît à lui en prêter. On se prévaut de ce fait, par exemple, qu'entre deux plaisirs, l'un grossier, l'autre délicat, je me sens tenu *en conscience* de donner la préférence au délicat. Soit! mais que dit-on de ceci? Entre le plus noble plaisir et le plus humble devoir, ma conscience n'hésite pas; elle me *commande* de sacrifier ce plaisir à ce devoir. Est-ce du *remords* que je ressens pour avoir manqué un plaisir délicat? C'est du regret, ce qui est tout différent.

Ajoutons que dans cette doctrine la vertu, l'amitié,

la bienveillance sont recommandées pour les plaisirs délicieux et sûrs qu'elles procurent. Mais la vertu pour le plaisir, l'amitié par égoïsme raffiné, la bienveillance pour le charme qu'on y goûte, ce n'est plus la vertu, ce n'est pas l'amitié, ce n'est pas bienveillance.

Enfin on dit : « Il faut juger d'une doctrine morale par ses résultats ; or celle du plaisir noble, du bonheur délicat ne produit que des effets louables. » Nous répondons qu'il faut juger d'une doctrine morale, d'un précepte et d'un système de morale d'après les dernières conséquences qu'on en peut justement tirer. Or je prévois au principe du plaisir noble et délicat une conséquence qui me le rend suspect et me le fait repousser, sans me le faire tout à fait haïr : au nom du plaisir délicat, qui m'empêchera de préférer les jouissances esthétiques à celles de la bienveillance et de me détacher de toute humanité pour m'enfermer dans le cercle égoïste et charmant des émotions que procurent les belles choses contemplées, les fêtes de l'esprit, les enchantements de la grâce ou de l'art ?

Le principe du plaisir, même délicat et noble, enferme d'ailleurs (c'est une grande leçon et une belle revanche de la conscience morale) le germe secret par où il périt. Que voyons-nous chez Épicure? La crainte de la douleur, dans sa doctrine, devient plus forte que le goût du plaisir noble; cette appréhension continuelle et anxieuse fait qu'enfin le souverain bien se réduit à l'absence de plaisir comme de douleur. Sans doute, il survit chez le sage épicurien le contentement qui accompagne une grande paix et une parfaite quiétude; mais c'est au prix d'un renoncement véritable et d'une sorte de détachement qui ressemble beaucoup à ce qu'on appelle *ascétisme*. Telle est la tristesse inquiète et craintive qui est au fond du principe du plaisir, même délicat. C'est ce que Lucrèce a exprimé :

.....Medio de fonte leporum
Surgit amari aliquid quod in ipsis floribus angat.

La vie et la réalité nous instruisent aussi là-dessus ; car qui ne connaît un de ces épicuriens, aimables compagnons, tout entiers aux jouissances délicates, pour qui le nombre est fort grand des choses qu'ils s'interdisent et auxquelles ils renoncent, cela par la crainte qu'ils ont de la peine, à laquelle ils sont plus sensibles que d'autres, par la crainte aussi de se gâter leurs plaisirs et d'en émousser l'attrait en usant ce trésor fragile, la faculté de jouir! Non, ce qui donne tout son prix à la vie, ce qui est la raison de vivre, la fin de l'existence et sa grande affaire, ce ne peut être une chose ainsi fuyante, incertaine et toujours prête à échapper.

De nos jours, M. John Stuart Mill, philosophe et économiste anglais, a cru de bonne foi avoir dit le dernier mot sur la doctrine du plaisir, et il l'a dit en effet ; seulement il pensa que ce mot était aussi le dernier mot de la morale, et il s'est mépris en cela. Epicure, dit-il, quand il faisait la différence des plaisirs nobles et des plaisirs bas (ceux de l'esprit et ceux des sens), ne donnait la préférence aux premiers que par cette considération qu'ils sont durables, sûrs, non mélangés de peine : ce qui revenait, en somme, à ne regarder à la *qualité* du plaisir qu'en vue d'en assurer la *quantité*. M. Stuart Mill veut, lui, que, sans regarder à la *quantité*, durée, vivacité du plaisir, on préfère les plaisirs de *qualité* noble. On lui a répondu [1], entre autres choses, que cela est fort bien dit ; mais que les plaisirs sont

1. Voir Paul Janet, *la Morale.*

nobles ou bas, délicats ou grossiers à raison de ce qui nous les procure et de l'action qu'ils accompagnent : il y a donc du grossier et du délicat, du noble ou du bas avant le plaisir même ; et, par suite, il y a quelque chose d'antérieur au plaisir, qui juge le plaisir et qui le qualifie, bien loin que le plaisir soit ce qui seul qualifie nos actions.

Doctrine de l'intérêt général.

Ici, tout en conservant le principe de l'*utile* (comprenant l'idée du plaisir et du bonheur), on répudie l'*égoïsme*, car on se flatte de concilier l'intérêt personnel avec l'intérêt général et de montrer qu'ils ne font qu'un.

En fait, dirons-nous, il n'est pas vrai qu'ils ne fassent qu'un : les polices et les sages mesures du législateur, l'ordre même de la nature ont beau vouloir me persuader de cet accord et m'en mettre maint cas sous les yeux ; il ne reste pas moins vrai que, en dépit de tout, chacun de nous se trouve fréquemment en présence de telle circonstance où, assurés que nous sommes de toute impunité, le principe de l'intérêt personnel nous conseille ce que le principe de l'intérêt d'autrui nous défend. M. Herbert Spencer [1] affirme que, de plus en plus, l'antagonisme des deux intérêts, personnel et général, tend à s'effacer : la vérité nous paraît être que cet antagonisme se déplace, mais que ce qui est perdu d'un côté se retrouve de l'autre.

Ce point de fait réservé, et jusqu'à ce que l'accord parfait des deux intérêts soit chose accomplie, voyons quel est, en attendant, le *motif* par lequel on prétend

1. *Data of Ethics*, traduit en français sous ce titre : *Bases de la morale évolutionniste*, chez Germer Baillière, 1881.

que nous devons nous conduire. Me dit-on de respecter l'intérêt d'autrui *parce que* le mien y est compris? Alors nous ne sortons pas du point de vue égoïste. Me dit-on de respecter l'intérêt général parce que c'est celui d'autrui? Alors on est obligé d'invoquer le principe de la sympathie ou celui du devoir, on déserte son propre principe ou plutôt on le subordonne à un principe supérieur. — Mais, dit-on, l'*utile*, voilà la règle! — Encore faut-il qu'on me dise l'utilité de qui, et pourquoi. L'utile, par lui-même, n'est qu'un mot, non un *motif* suffisant d'agir. En fait d'utilité, je ne connais que la mienne; si je reconnais la vôtre et m'y prête, ce ne peut être que par égoïsme avisé, ou par sympathie, ou par devoir. De toute manière, il n'y a point là un motif nouveau. L'utilitarisme, pour le moraliste en quête du *motif* régulateur de la conduite, n'est qu'une abstraction. Aussi voit-on que la doctrine de l'intérêt général n'a satisfait que les penseurs qui se plaçaient non pas au point de vue intérieur et moral du *motif*, du principe de la conduite, mais au point de vue tout extérieur du législateur ou du théoricien de la vie sociale [1].

M. Herbert Spencer [2] a beau dire qu'en fait on accomplit journellement par des principes désintéressés beaucoup plus d'actions qu'on ne croit, et cela sans sacrifice réel, par habitude prise; il a beau ajouter que le nombre des actions ainsi faites ira toujours croissant, en sorte que le principe égoïste se fondra de plus en plus dans le principe désintéressé, cela sans nulle intervention de l'esprit de sacrifice. Cette remarque a une part de vérité; mais, dirons-nous, cette habitude prise de désintéressement spontané sur *certaines* choses ne crée-t-elle

---

1. Bentham et H. Spencer, par exemple.
2. Même ouvrage.

pas en nous une seconde nature qu'il faudrait faire
effort pour contrarier, en sorte que quelque égoïsme
secret et latent se cache au fond de cet apparent désintéressement [1]? Et puis le nombre des cas où se rencontre
ce désintéressement spontané, fruit de l'habitude et de
la vie en société, n'égale pas à beaucoup près le nombre
des cas où il y a conflit, très réel et très bien aperçu de
nous, entre notre égoïsme et l'intérêt du prochain.

1. M. Spencer lui-même place, à l'origine, parmi les causes qui
nous ont habitués à agir par la considération du prochain, la
louange, l'estime flatteuse que cette manière d'agir nous attire.

DOCTRINE DE LA SYMPATHIE

ET DU SENTIMENT MORAL

La sensibilité désintéressée ou affectueuse.

10. Le principe d'action proposé est ici tout nouveau ; la règle pour juger des actions et pour les qualifier bonnes ou mauvaises ne se tire plus du plaisir ou de l'utilité, mais du cœur, du sentiment. C'est ce qui fait la supériorité de cette doctrine sur tout ce qui précède. Toutefois nous allons voir que la sensibilité affectueuse ne contient pas en elle-même un principe régulateur suffisant de la conduite. Pas plus que l'égoïsme, pas plus que l'idée de l'utile, la sympathie n'*oblige* ni ne *commande* : elle invite, c'est tout. Puis elle *varie* d'un homme à l'autre et, chez le même, elle se combat dans un même temps. D'autre part, elle veut être *réglée* par la raison ; sinon, elle peut s'égarer et se donner à elle-même le change sur ses méprises. Tout ce que la sympathie *conseille*, quand elle est pure, resterait obligatoire sans elle et alors qu'on la supposerait détruite. Enfin, quand la sympathie est du côté du devoir, si je fais ce qu'elle me persuade, j'éprouve, il est vrai, une *satisfaction de conscience;* mais ce n'est pas du tout pour avoir cédé au mouvement de ma sensibilité : la preuve en est que ma conscience m'approuve bien plus hautement lorsque j'ai dû, pour accomplir le bien, faire taire mes plus légitimes sympathies. Ces remarques s'appliquent à la rigueur au premier système, qui formule ainsi la loi de la conduite :

Amour de nos semblables.

11. « *Inspire-toi, pour agir, de ton amour naturel pour tes semblables ; agis de manière à procurer à tes semblables la plus grande somme possible de bien-être et d'utilité.* » On n'a donc qu'à développer les remarques qui précèdent pour apercevoir le faible de ce système, si satisfaisant à première vue. Ajoutons que notre sympathie pour nos semblables, j'entends la sympathie primitive et pure, supposée égale envers tous, ne nous *éclaire* pas suffisamment par elle-même sur la manière dont il convient d'entendre le *bien* de notre prochain (bien matériel ou bien moral? car ils se contredisent souvent). Et puis, entre un grand bien procuré à un petit nombre ou un peu de bien à un grand nombre, quel choix conseille le principe de la sympathie?

Amour de Dieu.

12. « *Aime Dieu et agis selon cet amour.* » — Oublie-t-on que l'amour, même divin, est chose *changeante*, sujette à passer de l'extrême ardeur au degré le plus languissant? Puis cet amour *fait défaut* à tous ceux qui ne croient pas en Dieu. Enfin l'amour divin ne nous inspirera bien que si cet amour est bien entendu : cela suppose qu'on se fait de Dieu une *idée* saine et vraie. C'est dire que le sentiment, ici encore, loin d'être toute la règle et la seule règle, demande à *être réglé* par la raison et la conscience.

Le sentiment moral.

13. J.-J. Rousseau et Jacobi font de la conscience elle-même un sentiment, un instinct : l'amour inné du bien, l'aversion naturelle du mal. Mais c'est se méprendre sur la véritable nature et sur l'ordre des faits moraux. Il est faux que les actions nous causent d'*abord* une émotion morale, et que nos jugements moraux sur ces actions ne fassent que traduire *ensuite* notre émotion; la vérité est que le jugement moral précède et que le sentiment moral lui succède et y répond (à moins que le sentiment moral n'ait pas lieu, ce qui arrive parfois sans que le jugement d'approbation ou désapprobation morale ait manqué pour cela). Donc, erreur d'analyse psychologique chez Rousseau : il fait des sentiments moraux (sympathie et antipathie morales, etc.) quelque chose de premier, d'antérieur aux jugements moraux; tandis que, bien au contraire, il est visible qu'une action ne saurait m'affecter moralement qu'à une condition : c'est que cette action soit d'abord *jugée* par moi bonne ou mauvaise moralement. (L'erreur de supposer un sens moral qui *percevrait* le caractère bon ou mauvais des actes, comme les sens *perçoivent* le chaud et le froid, le rouge ou le blanc dans les objets, cette erreur, analogue à celle de Rousseau, fut fréquente chez les moralistes anglais du xviiie siècle).

Système célèbre d'Adam Smith [1].

14. Fait primitif : la *sympathie*, c'est-à-dire ici cette tendance naturelle qui nous porte à nous mettre à l'unisson de la manière de sentir de notre semblable. Smith utilise ainsi l'élément sympathique : une action est jugée bonne par moi, dit-il, lorsque je puis sympathiser avec le sentiment qui a inspiré cette action à son auteur;

1. Écrivain moraliste et père de l'économie politique en Angleterre, au xviiie siècle.

sinon, je juge l'action mauvaise. Il y a quelquefois *sym-pathie double* : par exemple, je sympathise avec le sen-timent charitable d'un bienfaiteur et avec le sentiment reconnaissant de son obligé. Smith tire partie de ce cas, tout particulier cependant, pour faire voir comment les mouvements de la sympathie expliquent et produi-sent, d'après lui, les *jugements* de mérite et de démé-rite : *Je veux du bien* à l'obligé, c'est ce que traduit le jugement par lequel je le déclare méritant. — S'agit-il de nos propres actions, nous les jugerons bonnes ou mau-vaises en nous figurant un *spectateur impartial* et en nous représentant la manière dont il serait affecté, sympathi-quement ou non, par notre action.

Critique. — Ad. Smith parle d'une sympathie désinté-ressée et toute morale, qui est, à vrai dire, le sentiment moral de J.-J. Rousseau. Par là il est déjà réfuté (voy. plus haut). Quant au *spectateur* de Smith, c'est là un détour ingénieux, mais vain : ce spectateur et ce *juge* incorrup-tible, nous le portons *en nous-mêmes*, c'est notre con-science ; seulement ses décisions ne sont pas des mouve-ments de la sensibilité, mais des *jugements* et des arrêts de la raison.

MORALE RATIONNELLE

Le bien, le devoir.

15. Nous cherchons la loi de notre *volonté;* si elle n'est pas dans la *sensibilité* (égoïste ni affectueuse), il faut qu'elle se rencontre dans l'*intelligence*, et dans sa partie la plus haute qui est la raison. Celle-ci est bien, s'il en est une, la faculté législatrice : en effet, la raison, *commune* à tous, *la même* chez tous, connaît ce qui *doit* être ; elle seule a l'autorité *impérative*.

« *Fais le bien, fuis le mal. Fais ce que dois* [1]. » Cette règle, qui est toute la morale rationnelle, satisfait-elle à la double épreuve ?

Elle est *universelle* et *fixe ;* partout, toujours on distingue et on a distingué le bien et le mal, on pense et on a pensé que le bien se doit, que le mal est à ne pas faire. — Objections : Contre l'*universalité* de la loi morale, on oppose d'abord que certaines personnes, très cultivées d'ailleurs, se piquent de ne pas faire la différence du bien et du mal. Mais c'est là, dirons-nous, un jeu d'esprit, une dépravation raffinée du jugement; ou plutôt ces personnes se calomnient elles-mêmes et font les fanfarons d'immoralité. On objecte aussi des peuplades entières, parmi les sauvages, qui seraient, dit-on, dépourvues de toute notion du bien et du mal, du juste et de l'injuste, du devoir. Mais les voyageurs se contredisent là-dessus, car quelques-uns reconnaissent à

---

1. C'est-à-dire « agis *conformément* à la loi (de la conscience) *par respect* pour la loi, » (Kant.)

ces mêmes races inférieures de véritables qualités morales. Les voyageurs ne sont pas tous des psychologues clairvoyants; beaucoup, traités en ennemis, étaient mal placés pour juger de la vraie nature morale des tribus dont ils ont parlé[1]. Le sentiment du juste et du bon se fait jour à sa manière dans maintes actions et institutions ou coutumes des sauvages.

Contre la *fixité* de la loi morale on objecte les jugements si opposés entre eux que les divers peuples, les différents siècles, les individus eux-mêmes ont portés sur une même action, ici approuvée, là honnie; ici permise, là condamnée. Mais, sous cette diversité très certaine des jugements en matière d'actions déterminées, il subsiste une véritable uniformité, une identité réelle du fond de la conscience morale de l'humanité. Ce qui demeure partout et toujours le même, c'est l'essentiel, c'est-à-dire l'idée du bien et celle du devoir; ce qui varie selon la civilisation, selon le degré de culture et de réflexion, ce sont les applications particulières de ces principes. Encore est-il vrai que l'accord tend à s'établir de plus en plus; et le *progrès des idées morales* depuis l'antiquité (esclavage, suicide, tyrannicide, rôle de la femme, respect de la personne, tolérance, etc.), loin d'être un argument contre l'unité morale de la famille humaine, n'est qu'un acheminement qui la conduit peu à peu de l'entente unanime sur les principes essentiels à l'entente unanime sur les dernières conséquences et les plus lointaines applications de ces principes.

La loi : « *Fais le bien, fuis le mal,* » est *intelligible* et *claire*, non seulement dans son sens général, mais dans toute circonstance et à tout moment. En effet, une conscience droite est toujours assurée, voulant le bien et y

1. Voir Janet, *la Morale.*

dirigeant son intention, d'interpréter comme il faut la loi morale [1] : sa décision pourra n'être pas conforme à celle des docteurs moralistes, et, mieux éclairée, cette conscience choisira mieux une autre fois ; mais, dans le moment et pour ce cas, son choix fut bon par cela même qu'il ne fut inspiré que par le désir de bien faire. On objecte contre la clarté de la loi morale les *conflits des devoirs*, c'est-à-dire les cas pénibles où une même action paraît commandée et défendue en même temps par deux obligations contraires (par exemple, je dois ne pas mentir, et je dois sauver la vie de mon semblable en danger ; or je ne le puis ici qu'au prix d'un mensonge). Les lignes qui précèdent répondent suffisamment à cette difficulté.

La loi rationnelle du devoir ou du bien est *absolue* et *obligatoire* : « *Fais ce que dois, advienne que pourra.* » Le bien, le devoir me sont proposés ou plutôt imposés non comme des moyens pour un but autre qu'eux-mêmes, mais à titre de fins pour eux-mêmes [2]. Je me reconnais tenu et lié envers eux par une nécessité morale que je puis éluder en fait, mais non pas nier en droit. Ainsi je suis *obligé* en restant *libre*, et sans être *contraint*.

La loi du devoir est *toujours praticable*. Car elle ne me commande que la *volonté* bonne et l'*effort* pour la réaliser : à ce prix, la loi est satisfaite, elle est obéie, alors même que le résultat tromperait mon effort. Or il dépend toujours de moi de vouloir et de m'efforcer.

1. C'est en ce sens que J.-J. Rousseau a pu dire : « Le meilleur de tous les casuistes est la conscience. » (*Emile,* liv. IV, proféssion de foi du vicaire savoyard.)

2. C'est ce que Kant, philosophe allemand du dernier siècle, appelle l'*impératif catégorique* (je *dois vouloir* le bien), par opposition aux impératifs *hypothétiques* ou conditionnels, tels que : *si tu veux* réussir, prends-t'y de telle manière.

Je puis toujours accomplir cette loi, parce qu'elle n'exige de moi que ce que je puis ; à l'impossible nul n'est tenu.

Étant posée la loi : « *Fais ce que dois,* » tous les *faits moraux* en sortent naturellement. Les jugements d'*approbation* et de *désapprobation* morale, inexplicables dans les systèmes précédents, n'offrent plus de mystère dès qu'il y a des actions faites *conformément* au devoir et *par* devoir et des actions faites *contrairement* au devoir connu et reconnu et *en dépit* du devoir. Les jugements de mérite et de démérite s'ensuivent tout naturellement, si l'on considère que la loi du devoir nous coûte à accomplir. Dès lors, est méritant celui qui conforme sa volonté au bien, *par respect* pour le bien et au prix d'un *effort pénible;* car il y a deux éléments [1] dans l'idée du mérite moral : 1° l'idée d'une dignité, d'une valeur, d'une sorte d'excellence que l'agent moral se confère à lui-même (cet homme est *méritant,* il est *digne,* son action a du *prix*) ; 2° l'idée d'une compensation à laquelle il a droit, au nom de la justice, à raison du sacrifice généreusement consommé (il mérite une *récompense,* il en est *digne,* sa conduite mérite un *prix*)[2]. Les jugements

1. Janet, *la Morale.*
2. Les *conditions* nécessaires pour qu'un être soit, en général, susceptible de mérite et de démérite, sont : l'intelligence ou raison, le libre arbitre et une nature sensible à qui l'effort et le sacrifice coûtent. D'un individu à l'autre et dans chaque individu, le mérite et le démérite (toujours dépendants de l'*intention*) *varient* pour une même action avec le temps et les circonstances, selon la *savoir* (c'est-à-dire les lumières morales) et selon le *pouvoir,* c'est-à-dire l'effort requis pour faire une bonne action ou s'abstenir d'une mauvaise : l'habitude, en cela, et l'état actuel de l'énergie morale du sujet décident. Un vice contracté ou, en général, la dégradation de l'être moral ôte beaucoup au démérite de ses fautes ; de même, un haut degré de perfection morale, l'habitude prise du bien, une vertu acquise atténuent singulièrement l'effort et, avec l'effort, le mérite d'une bonne action. Mais

de démérite sont expliqués par les mêmes principes; de même l'estime et le mépris, le respect et l'indignation; de même aussi la satisfaction de conscience, le repentir et le remords.

Le bien et le devoir. Le devoir et le droit.

16. Nous sommes en possession de la véritable loi de la conduite, objet de notre recherche dans la MORALE THÉORIQUE. Un mot sur le *bien* et le *devoir*, sur le *devoir* et le *droit*.

a. La sphère du bien comprend toutes les actions morales et bonnes, possibles ou imaginables; mais chaque homme ne peut pas les accomplir toutes en tout genre ni deux diversement bonnes en un même moment; en outre on ne *sait* pas toujours le bien qui serait faisable et à faire en chaque circonstance, et on ne *peut* pas toujours réaliser celui qu'on sait et comprend : en ce sens, la sphère du devoir réel est pour chacun plus bornée que celle du bien considéré en général. Mais il faut dire que tout le bien qui est compris par chacun et qu'il peut faire, il le *doit*.

b. Est-ce le droit qui est premier, est-ce le devoir? Ai-je des devoirs uniquement parce que vous avez des droits, ou n'ai-je moi-même des droits que parce que j'ai des devoirs? — Sans le devoir, sans mon rapport à lui qui fait de moi une *personne* morale inviolable et investie d'un caractère auguste, d'une mission sainte,

tout se retrouve en somme : car, moins on est coupable, au moment même, de faiblir sous le poids du vice ou de la passion une fois nés, plus on fut coupable et déméritant dans le passé en les laissant naître, croître et s'invétérer. Même principe au regard de la vertu, de la sainteté, acquise *péniblement* autrefois et qui nous ôte aujourd'hui la *peine* de bien faire.

je ne suis qu'un être qui a des *besoins*, une *force* qui écrasera ou sera écrasée. Donc le devoir précède le droit et le fonde en consacrant mon être et en le rendant respectable à lui-même et aux autres. — On peut le prendre encore d'une autre sorte et dire : Je suis, par ma nature d'être raisonnable et libre, plus qu'une *chose;* je suis une *personne* qui est respectable d'abord à elle-même (*devoir* de respecter la personne en soi et en autrui), respectable aussi pour autrui (*droit* ou *inviolabilité morale*). Ainsi le devoir et le droit procéderaient tous deux du *caractère* de la personne raisonnable et libre; mais, si celle-ci ne m'apparaît d'abord respectable en moi-même (mon devoir), il est certain qu'elle ne m'apparaîtra pas respectable en autrui (reconnaissance de votre droit).

Deux questions s'imposent à la fin de la morale théorique : *celle du fondement de l'obligation morale* et celle des *sanctions de la loi morale*. Il faut donner à la morale rationnelle le double complément qu'elle appelle, d'un côté, à l'origine de la loi morale, de l'autre, au terme de la vie morale.

Du fondement de l'obligation morale.

17. L'obligation morale est un fait, un fait de raison et de sentiment. Le bien oblige, cela est certain. Il oblige par sa nature cela est vrai. Que demandons-nous donc au delà? Nous demandons, si Dieu est prouvé par des arguments étrangers à la morale, que Dieu soit reconnu pour l'auteur de la loi morale, de même qu'il est l'origine de notre être et de tout. D'ailleurs, s'il faut un Dieu comme rémunérateur et vengeur du bien et du mal, il est un Dieu législateur de la conscience :

cela se tient et ne se sépare pas. Voyons donc s'il faut un Dieu justicier.

Des sanctions de la loi morale.

18. Ma conscience, ma raison exigent l'accord de la vertu et du bonheur, de la perversité et du châtiment. Or, dans cette vie, tout le bien est-il récompensé, tout le mal puni ? Certainement non : ni les *lois*, ni l'*opinion* (estime et mépris publics), ni même la *conscience* (car on peut étouffer tout remords) ne satisfont exactement aux nécessités de la justice. Si ces *sanctions terrestres* de la loi morale sont insuffisantes, ma conscience, ma raison appellent et proclament·une autre vie (immortalité de l'âme), et, dans cette autre vie, un juge et un justicier infaillible et tout-puissant (Dieu).

Morale indépendante.

19. Sous ce nom se groupent tous ceux qui ne consentent ni à placer l'origine de la loi morale en Dieu, ni à garantir le triomphe de la justice finale au moyen de la vie future et des sanctions divines [1]. Ils veulent, disent-ils, constituer la morale *scientifiquement*, et, à ce titre, ils croient devoir écarter toute considération touchant· Dieu et la vie future, *indémontrables* l'un et l'autre à leurs yeux. De plus, ils veulent faire que celui qui cesserait de croire à Dieu et à la vie future ne risque pas

---

1. Ils veulent que la morale soit rendue *indépendante* non seulement de tout dogme religieux particulier, mais encore de la religion naturelle ou philosophique ; ils refusent même de partir de l'idée pure du *bien*, comme entachée de métaphysique, et ils partent du *fait positif* de notre nature libre. — Mais déclarer l'homme libre, n'est-ce pas déjà résoudre une question toute métaphysique, celle du libre arbitre ?

de perdre du même coup ses croyances morales et sa foi au devoir. Enfin, ils sont d'avis que, si le devoir est l'ordre intimé par une volonté supérieure et si des récompenses et des peines infaillibles suivent la vertu et le vice, tout respect de la loi morale *pour elle-même* est détruit, tout désintéressement devient impossible : la moralité, disent-ils, est corrompue dans sa source. Nous ne ferons ici que toucher brièvement à l'essentiel des points qui seraient à discuter.

Pour ce qui est de la vie future et de Dieu déclarés indémontrables, on peut objecter qu'à défaut des autres preuves il en est une très forte, et c'est précisément la preuve morale que nous exposions tout à l'heure [1]. On ne saurait la récuser sans faire du problème moral une énigme indéchiffrable qui confond la raison et consterne la conscience. — Quant au respect du devoir anéanti, dit-on, dès qu'une volonté toute-puissante substitue son intimidation à la majesté de la loi, sur ce point nous faisons remarquer qu'il s'agit ici d'une volonté sainte identique au bien lui-même, Dieu étant toute perfection, en sorte que ma propre volonté et ma raison se reconnaissent elles-mêmes dans la volonté divine et se font à elles-mêmes la loi par le fait qu'elles l'acceptent [2]. — Il nous semble que nous sommes surtout forts contre la morale indépendante en ce qui regarde les sanctions et la justice finale dans la vie future. En effet, dirons-nous, 1° voulez-vous de l'homme un désintéressement absolu? il est clair que sa nature ne le comporte pas ; 2° vous ne prenez pas garde que vous faites ainsi de la loi du devoir (loi de sacrifice, ne l'oubliez pas) une sorte de sainte et incom-

---

1. Nécessité d'un dieu rémunérateur et vengeur.
2. C'est ainsi que nous donnons satisfaction à ce que Kant appelait le principe de *l'autonomie de la volonté.*

préhensible tyrannie du bien qui méconnaît ma faible nature et l'immole, sans nul souci de la justice dont l'idée est inséparable en moi de l'idée même de la moralité ; 3° vous faites pis encore : vous voulez que la moralité, que la vertu ne soient possibles qu'à une condition, c'est que la justice ne soit pas ! Cette conséquence est étrange ; elle jette le trouble dans ma conscience, et, loin de rehausser l'idée que je me fais de la loi, du devoir, elle me cause une stupeur où le respect de la loi et du devoir, n'a, je pense, rien à gagner.

Ajoutons ceci : le désintéressement et le mérite demeurent possibles dans la certitude des rémunérations et des peines de l'autre vie. En effet cette certitude est toute morale, non tangible ou géométrique, et ces sanctions de la vie future sont lointaines ; au contraire, la tentation est actuelle, l'attrait du mal et le sacrifice sont choses présentes, très sensibles, très puissantes sur nous. Enfin cette vie future, cette vie heureuse pour les bons, ceux-ci se la représentent non pas tant comme une vie de délices que comme une vie parfaite, achevée et supérieure, en laquelle leur nature sera purifiée, infiniment ennoblie ; et cette pensée, qui leur fait un devoir de *gagner* une telle vie, consacre le désir et l'espérance qu'ils en ont de telle manière que *l'intérêt* s'efface dans la splendeur de cette vue, qui a en soi quelque chose d'absolument noble et bon [1].

1. Obligations et sanctions, ce sont là deux problèmes très graves : les stoïciens, dans l'antiquité grecque, et Kant, au siècle dernier, les ont sérieusement approfondis. Pour ce qui est du fondement de l'obligation morale, les stoïciens le plaçaient d'une certaine manière dans l'idée religieuse, c'est-à-dire en Dieu. (Sénèque, disciple latin des stoïciens grecs, disait après eux : *Parere Deo libertas est*. N'oublions pas toutefois qu'ils étaient panthéistes et que, pour eux, Dieu n'est que la raison universelle. Quant aux sanctions nécessaires de la loi morale, les stoïciens, qui niaient la vie future, n'en demandaient pas d'autres que les

sanctions intérieures de la conscience (*Virtutis præmium ipsa virtus*). — Kant pose l'obligation morale comme un fait premier absolu, comme une loi que la volonté raisonnable se donne à elle-même (autonomie) et qu'elle ne saurait à aucun titre recevoir du dehors (hétéronomie), fût-ce de Dieu. Mais, sous le nom de souverain bien, il déclare nécessaire l'accord du bonheur et de la vertu : nous *devons* croire à la possibilité de ce souverain bien; et l'existence d'un Dieu rémunérateur est, dit-il, le meilleur moyen que nous ayons de nous représenter la réalisation de ce souverain bien.

La morale indépendante emprunte aux stoïciens, d'un côté (sanctions), et, de l'autre, à Kant (obligation). Cette doctrine a certainement quelque chose de mâle et même de grand : le devoir et la vertu s'y suffisent à eux-mêmes. Elle nous invite à réfléchir sur le sens de ces mots : le *souverain bien*. Or on peut poser de deux manières la question du souverain bien : soit qu'on demande quelle est la chose qui a une valeur suprême, un prix absolu (et c'est, d'après les stoïciens, la vertu, la vertu par elle-même et à elle seule, toute autre idée étant écartée, notamment celle du bonheur); soit qu'on demande quel est l'ordre de choses le plus parfait, quelle est la meilleure manière dont les choses puissent être arrangées (et ce n'est alors, dit Kant, ni la vertu sans le bonheur, ni le bonheur sans la vertu, mais bien l'accord de la vertu et du bonheur). Les partisans de la morale indépendante sont pénétrés de l'excellence de la vertu, encore plus touchés de l'excellence du droit, et pleinement satisfaits par l'idée du respect réciproque que les êtres libres se doivent : ils ne demandent ni ne souffrent rien au delà. — Quant aux sanctions, ils sont convaincus aussi que l'accord du bonheur et de la vertu est excellent par lui-même : seulement ils ne veulent ni d'un bonheur promis et donné par un autre, ni d'un salaire extérieur qui rendrait, disent-ils, toute vertu intéressée et mercenaire.

Deux remarques là-dessus : la première, c'est que la bonne conscience et les jouissances profondes de la vertu, sont, en somme, un salaire; nous n'échappons donc pas à ce mot, ni à la chose qu'il exprime. La seconde remarque est bien faite pour plaire aux adhérents de la morale indépendante, et nous voulons l'exposer ici dans toute sa force : elle concerne l'accord du bonheur et de la vertu. Il nous semble parfois que, toute foi religieuse, toute croyance même mise à part, et conséquemment tout espoir d'une vie future étant ôté, l'homme de bien porte en lui-même, s'il le veut, de quoi se récompenser pleinement et au centuple de tous les efforts et des sacrifices immenses que la vertu peut exiger de lui. Si cet homme regarde les choses, la vie et lui-même d'une certaine manière toute morale, toute su-

blime, s'il n'attend rien, ne demande rien, ne craint rien, s'il
s'exerce fortement et avec suite à la vie morale, s'il fait le bien
non pas, comme dit Rousseau, « entre Dieu et lui », mais entre
le bien et lui-même, s'il épure son esprit et son cœur, s'il les
trempe, alors sa conscience lui tient en réserve des trésors in-
finis de contentement, d'énergie et de paix. La bonne conscience peut, à elle seule, tout cela : il faut qu'elle le puisse, et
de grands exemples l'ont fait voir. — Seulement, dirons-nous,
ce n'est là qu'une moitié de la *justice :* le vice appelle sa récompense, comme la vertu la sienne ; et, de ce côté, tout va nous
manquer, qui ne le voit ? Et puis que n'avons-nous pas dû supposer chez l'homme vertueux ! quel achèvement ! quelle perfection ! Et que l'on songe à l'humanité tout entière, à la commune
moyenne ! Enfin, on peut bien dire avec Aristote et Kant que la
souffrance, les tortures physiques, les deuils plus cruels encore,
rendent souvent impossible et toujours incertain le bonheur de
l'homme le plus vertueux, car il est homme enfin.

Nous n'avons garde de confondre la morale indépendante avec
d'autres doctrines bien plus radicales ; la doctrine de l'*universelle
évolution* ou *évolutionnisme*, par exemple, ne voit dans l'idée de
l'*obligation* morale qu'un produit naturel de l'expérience de l'humanité, produit destiné à être graduellement éliminé et à disparaître finalement. La manière dont M. H. Spencer (*Data of Ethics*)
s'efforce d'expliquer la formation ou *genèse* historique du sentiment d'obligation au sein de l'humanité ne saurait être discutée
ici utilement : la *contrainte* extérieure (commandement positif,
intimidation) et l'*utilité* seraient, d'après lui, les éléments primi-
tifs d'où est sorti le sentiment actuel de l'obligation (ou nécessité morale de faire le bien par respect pour le bien).

MORALE PARTICULIÈRE

Division de nos devoirs.

20. Quels sont nos différents devoirs? On les classe d'abord ainsi, quant à leur objet : devoirs 1° envers nous-mêmes, 2° envers nos semblables, 3° envers Dieu. Et la morale particulière se divise par là même en morale : 1" *personnelle*, 2° *sociale*, et 3° *religieuse*. — Une harmonie très remarquable et toute naturelle fait que souvent une même conduite m'est commandée à la fois par mon devoir envers moi-même, mes semblables et Dieu. Mais, à un point de vue théorique, on a pu se demander s'il est une de ces trois classes de devoirs à laquelle on puisse et doive rapporter les deux autres. Disons seulement à ce propos qu'il y a danger à soutenir que tous nos devoirs se ramènent à nos devoirs envers nos semblables : le souci de la *perfection intérieure*, qui est l'essence de nos devoirs envers nous-mêmes, serait par là considéré d'une manière trop subordonnée et serait entendu, il faut le craindre, d'une façon trop étroite. Et puis, on semble croire que, seul dans une île déserte, je n'aurais pas de devoirs, ce qui est faux. Enfin on part sans doute de ce principe déjà condamné par nous, à savoir que le droit d'autrui précède et fonde tout mon devoir.

On distingue à un autre point de vue les devoirs *négatifs* et les devoirs *positifs*, les premiers interdisant de méfaire, les seconds commandant de faire le bien (Fuis le mal; fais le bien). « Ne tue pas, ne vole pas, » devoirs négatifs. « Secours ton prochain en danger, aide-le à défendre son bien, » devoirs positifs. Ces exemples, empruntés aux devoirs envers autrui, nous montrent en même temps la différence des devoirs de *justice* et des devoirs de *charité*. Il ne faut pas, du reste, regarder seulement à la formule ou à l'énoncé d'un devoir pour décider s'il est négatif ou positif; car le devoir de justice peut en certains cas s'énoncer en deux sortes : « Ne frustre pas » (formule négative), « Paye tes dettes » (formule positive). » Il y a des devoirs positifs et négatifs envers nous-mêmes, nos semblables et Dieu, tandis que la distinction des devoirs de justice et de charité ne saurait s'appliquer à nos devoirs envers nous-mêmes.

On divise enfin tous nos devoirs en devoirs *stricts* et devoirs *larges* [1]. C'est un devoir strict de ne pas tuer, de ne pas voler; c'est un devoir large que celui de cultiver son intelligence, celui d'être serviable. Devoirs stricts et larges, cela veut-il dire obligations rigoureuses et obligations facultatives, qui, en fait, n'*obligeraient* pas? Il ne peut en être ainsi. Dans une épidémie, par exemple, et à la guerre, en maints cas, le médecin, le soldat sont *tenus* de s'immoler et de se montrer héros d'abnégation. Le dévouement, en général, est un devoir pour tous. C'est un devoir très rigoureux, quoique large, de s'instruire et d'être serviable. En quel sens donc ces devoirs larges sont-ils larges? En ce sens que, tout en étant des obligations réelles, ils laissent quelque chose d'indéterminé, de variable d'un homme à l'autre et d'un temps à l'autre quant à l'appréciation des moyens par lesquels, de la mesure et de la forme dans lesquelles chacun peut et doit satisfaire à ces obligations. Les

1. Voir Janet, *La Morale.*

devoirs de charité, d'amour, de bienveillance sont larges en ce sens, et seulement en ce sens. Au contraire, les devoirs de justice ne sont pas susceptibles de plus ou de moins. Le devoir de ne pas se dégrader est absolu et *strict*, et le devoir de s'instruire, qui est aussi absolu, est *large*, c'est-à-dire que la conscience de chacun sera juge de la mesure dans laquelle il peut et doit s'instruire.

Nous allons exposer successivement les devoirs de la *morale personnelle* (devoirs envers nous-mêmes), de la *morale sociale* (envers nos semblables) et de la *morale religieuse* (envers Dieu). Mais auparavant disons un mot de nos devoirs concernant [1] les *choses* et les *animaux*.

Devoirs concernant les choses, les animaux.

21. Nous devons ne pas gâter et détruire sans motif les choses, les productions de la nature (sources, plantes, etc.), ou celles de l'art (tableaux, statues, etc.). Ce serait : 1° nous dégrader nous-mêmes par un emploi sauvage de notre force ; 2° nuire à nos semblables, à qui ces choses, même nôtres, appartiennent un peu, car elles doivent, après nous, être le bien d'un autre, et elles composent le trésor commun dont nous ne retenons une part que comme dépositaires. Le scrupule moral qui engage quelquefois un père de famille à détruire un objet d'art comme blessant et dangereux pour les mœurs des siens est mal entendu : qu'il donne plutôt cette œuvre à un amateur éclairé, à un musée. Nous devons ne pas détruire les utilités qui composent notre fortune, si nous sommes riches (immeubles, monnaie,

---

1. *Concernant* et non *envers* : car les choses et les animaux sont bien les *objets*, la *matière* de ces devoirs, mais en eux ne se trouve pas *le principe* de ces devoirs.

billets de banque, etc.) : mêmes raisons que ci-dessus. Les devoirs relatifs aux biens, à la fortune en général concernent : 1° l'acquisition (par des moyens purs), 2° l'usage (intelligent, utile, moral et modéré), 3° nos sentiments à l'égard de notre fortune (ne pas y être trop attaché, se tenir prêt à s'en passer si l'on vient à la perdre)[1].

Touchant les animaux, êtres doués de sensibilité, nous devons leur épargner toute souffrance inutile (même aux animaux nuisibles qu'il est permis de tuer, mais non de faire souffrir au delà du nécessaire). Dans la chasse, ce devoir est trop souvent oublié. Les animaux utiles, domestiques et fidèles demandent plus encore : nous devons ne pas les charger, ne pas les maltraiter et les brutaliser, ne pas les contraindre et ne pas les priver au delà de ce qu'exigent le service que nous pouvons en attendre et la nécessité de les dresser. La loi Grammont punit les cruautés envers les bêtes. Les faire souffrir par plaisir ou par brutalité, c'est se dégrader, et c'est offenser la sensibilité des spectateurs ou bien, ce qui est pis, les endurcir aux cruautés.

Les expériences que le physiologiste fait sur les animaux, les douloureuses *vivisections* sont justifiées par un intérêt supérieur et par un devoir d'humanité : car la science progresse par là, et l'art de guérir les maladies chez l'homme, chez les bêtes mêmes utilise et absout ces pratiques. Seulement il faudra se borner à l'utile strict : ainsi la morale condamne le professeur de physiologie qui taillerait et scalperait des bêtes vivantes pour satisfaire la simple curiosité de son public.

---

1. Voir sur ce sujet Sénèque, *Traité de la vie heureuse*, ch. XXII-XXV.

MORALE PERSONNELLE

.22. Nos devoirs envers nous-mêmes concernent : 1° le corps, 2° l'âme. (Le corps comme instrument nécessaire de l'âme, qui, s'il n'est en état de la servir, la gêne et la trouble.)

Devoirs concernant le corps.

1° Devoirs négatifs : Ne pas le détruire. Le suicide, permis à tort par les Stoïciens dans l'antiquité, mais dans des circonstances, il est vrai, rigoureusement définies, le suicide n'est *jamais* excusable. Cet acte n'est pas courageux, étant une désertion. Rien ne le justifie, ni l'excès de la souffrance morale et de l'infortune, car il n'y a pas de limite au devoir de résister et d'endurer; ni ce prétexte trop fréquemment invoqué qu'on est à charge à tous, inutile et bon à disparaître, car, tout au contraire, on peut alors rendre à son entourage cet inestimable service de lui mettre sous les yeux l'exemple réconfortant d'une résignation que rien n'abat. Kant a dit avec raison que se tuer, c'est anéantir autant qu'il est en soi la moralité, puisqu'on met un terme à sa propre carrière morale et à la sujétion qui nous enchaîne au devoir. Ne pas confondre le suicide, désertion du devoir, avec la mort volontaire ou sacrifice de la vie au devoir (le soldat héroïque, le sauveteur.) Autres devoirs négatifs : ne pas mutiler ses organes, ne pas risquer sa vie par imprudence, par forfanterie ou gageure, ne pas compromettre sa santé par les excès ou par négligence.

2° Devoirs positifs : Entretenir et développer la santé et la vigueur de son corps par l'hygiène, par le régime (sans excès de soins méticuleux), par l'exercice. Bonne tenue extérieure, modestie dans l'habit et la démarche, *decorum*, enfin propreté, ce sont là des vertus qui concernent le corps et intéressent l'âme.

Devoirs concernant l'âme.

1° Négatifs : Ne pas laisser dépérir en sa personne, faute d'usage, les facultés [1] de sentir et d'aimer, de penser et de connaître, de vouloir et de s'efforcer. Ne pas les dépraver en les occupant à des objets futiles ou en les appliquant à des fins perverses : ces dons précieux, marques et titres de la noblesse humaine, veulent être respectés, et l'abus ou le mauvais usage qu'on en fait a quelque chose de sacrilège. Il est aisé, il peut même être doux, mais il est criminel d'engager sa sensibilité dans des émotions équivoques, d'abaisser son intelligence aux jeux d'une subtilité sophistique, de jouer avec l'énergie de sa propre volonté. Mais le grand coupable est celui [2] qui, favorisé de dons plus que communs, en fait les auxiliaires des mauvaises causes, ou les instruments d'une popularité fructueuse, ou les moyens d'un divertissement ironique qu'il se donne en abusant de son ascendant pour pervertir autrui.

2° Devoirs positifs : Développer, discipliner, appliquer bien et appliquer au bien *toutes* ses facultés [3].

La perfection intérieure, idéal de la morale individuelle, comprend la modestie et cette sorte d'humilité qui n'exclut ni le sentiment de la dignité personnelle ni une virile fierté.

1. Sensibilité, intelligence, volonté.
2. Écrivain, orateur, artiste, politique, guerrier, etc. Question des rapports de l'Art et de la Morale.
3. La sensibilité et les passions nobles ne sont donc pas à étouffer, en dépit des stoïciens.

MORALE SOCIALE

1° Nos devoirs envers tout homme, en tant qu'homme, ou envers l'humanité (*societas generis humani*) ; 2° devoirs civiques (société civile et politique) ; 3° devoirs de famille (société domestique).

Morale sociale générale.

24. Nos devoirs envers *tout* homme sont relatifs à : 1°la vie, 2° la liberté, 3° les biens, 4° la réputation. Ajoutons, 5° à la moralité, car la respecter chez autrui, respecter la personne morale du prochain, c'est un devoir essentiel et premier.

La vie. — Devoir négatif : « Tu ne tueras point. » C'est-à-dire, ne pas attenter à la vie d'autrui par violence ouverte ou guet-apens, directement ou par l'entremise d'agents soudoyés ; ne pas exposer la vie ou la santé d'autrui par imprudence, par des gageures induisant en péril de mort, par la vente de substances délétères, etc. ; ne pas donner la mort à autrui, fût-ce sur sa demande ; ne pas exiger d'autrui un travail qui, par l'excès ou par sa nature, soit meurtrier, etc.

Exception. — Le cas de *légitime défense*. On entend par là toute circonstance *non préparée, non provoquée*, où l'on est dans la nécessité de repousser une agression meurtrière par la violence. Encore doit-on se borner, s'il est possible, à mettre l'agresseur hors d'état de nuire, sans le tuer. Le *duel* n'est pas un cas de légitime défense : en effet, l'alternative où l'on est, sur le terrain, de tuer ou d'être tué a été *préparée*, consentie criminellement. Il y a là double méfait : on risque sa vie, et c'est suicide ; on risque de tuer, et c'est homicide. On est meurtrier, dans le second cas, aussi bien que celui qui provoquerait et exaspérerait quelqu'un jusqu'à ce qu'il s'emportât à des violences, afin de se donner ainsi l'apparence de la *légitime défense* : c'en est seulement le mensonge.

Devoirs positifs : Protéger la vie d'autrui en danger, contribuer à tout ce qui peut garantir la vie humaine ou la santé publique, répandre les principes de l'hygiène, encourager le respect de la vie humaine ; « guerre à la guerre ».

La liberté. — Devoirs négatifs. Ne pas séquestrer[1] matériellement ; ne pas circonvenir ou intimider, ce qui équivaut à une sorte de séquestration morale ; ne pas abuser de son pouvoir, de son autorité pour asservir les consciences ou forcer les votes de ses subordonnés, de ses ouvriers, etc. ; ne pas mettre quelqu'un dans l'impossibilité d'user de sa liberté morale ou de ses droits civils et politiques, etc.

Devoirs positifs : Défendre, encourager les faibles opprimés, assujettis ; ranimer en eux le sentiment et la conscience de l'être libre ; répandre le respect et le goût de la *liberté des autres*, individus ou nations, selon ses moyens, par la parole, par les écrits, par l'exemple ; respect de la liberté de pensée, tolérance.

Les biens. — Devoirs négatifs : « Tu ne voleras point. » Ne pas tromper sur la quantité ou qualité de la chose livrée, vendue ou échangée ; ne pas frustrer ses créanciers ; ne pas dépouiller autrui de ce qui lui revient ; ne pas capter les héritages au détriment des ayants droit ;

1. Ne pas réduire en esclavage un être humain. Traite des nègres. Mauvaise justification de l'esclavage par Aristote.

6.

ne pas causer de préjudice à autrui, fût-ce sans se rien approprier de son bien; ne pas se faire le complaisant des dupeurs.

Devoirs positifs : Aider son prochain à se défendre contre les spoliateurs; lui procurer, si l'on peut, d'honnêtes gains, etc. — Le devoir de bienfaisance : avoir égard, quand on donne, au *besoin* et aussi au *mérite*.

Question du droit de propriété. — « Ceci est à moi » : le fait de s'*approprier individuellement* un objet, à l'exclusion de toute autre personne, ce fait est-il légitime, et comment? — Le prétendu droit du *premier occupant* n'explique rien : car si à une époque lointaine la terre, par exemple, n'était à personne en propre, les premiers qui se l'approprièrent ont par là même exclu et frustré les autres du pouvoir d'en faire autant. Locke a, un des premiers, mis dans tout son jour le vrai fondement de la propriété, c'est-à-dire le *travail.* Je suis juste possesseur, je suis *propriétaire* de ce que j'ai soit créé, soit transformé et mis en valeur par mon travail, par mon effort (cet arc, ces flèches, ce fonds de terre, etc.). Mais il faut bien voir que ce *droit* aux fruits et aux œuvres de mon travail a son fondement tout moral dans ma qualité d'être libre, de personne s'appartenant à elle-même, disposant d'elle-même, de sa volonté, de son effort. Le droit de propriété comprend celui de *jouir* et de *disposer*, donc celui de donner ou de léguer (légitimité de l'héritage). A ces considérations de *droit* on doit joindre des considérations d'*utilité sociale* tirées de l'ordre *économique;* déjà Aristote [1] opposait au communisme [2] de Platon que, si personne ne possède rien en propre et n'a le droit d'accumuler les produits

---

1. Arist. V. *La Politique*, liv. II.
2. Les biens appartenant à l'État au lieu d'être aux mains des particuliers, des propriétaires.

de son travail, alors chacun ne produira que dans la mesure de ses besoins; tandis que, assuré de retenir le fruit de son travail, chacun sera intéressé, stimulé à *faire valoir*, à faire produire le plus possible, cela au grand profit du bien-être général (grâce à l'échange) et de la richesse commune.

La réputation. — Devoirs négatifs : Ne pas calomnier (dire du mal qu'on sait être faux). Ne pas médire (dire du mal qu'on sait ou croit être vrai). Ne pas encourager la calomnie ou la médisance, ne pas prendre plaisir à les entendre, se garder des jugements téméraires. — Exception concernant la médisance : on doit dévoiler courageusement le mal qu'on sait qu'un homme a fait ou médite de faire soit au public, soit aux particuliers, quand on en est sommé en justice (témoignage) ou quand on peut prévenir par là une iniquité en démasquant l'hypocrisie. A l'égard des hommes publics, distinguer à ce sujet les actes du fonctionnaire et les faits de la vie privée.

Devoirs positifs : Défendre la réputation d'autrui soit contre les calomniateurs, soit contre les médisants qui chargent un absent. Décourager les uns et les autres en refusant de les écouter. Aider le prochain à se laver des calomnies, des insinuations perfides, etc.

La moralité. — On attente à la moralité d'autrui de bien des manières : par les conseils et suggestions, par les tentations, par le mauvais exemple, par les écrits dépravateurs, par l'ironie qui tourne en dérision les bons sentiments, etc., etc.

Morale civile et politique.

25. La société civile et politique, quelle qu'ait été son origine en fait, est fondée sur le *besoin* et l'utilité, sur les

sentiments de *sociabilité* naturels à l'homme[1] ; enfin elle est maintenue par la *justice*. La vie en société favorise le développement *matériel et moral* de l'espèce humaine ; la *justice* doit être son but, comme elle est sa garantie ; elle doit tendre au *bonheur* du plus grand nombre possible et assurer également les *droits* de tous. J.-J. Rousseau (après Hubert Languet, Hobbes et Locke) a parlé du *contrat social;* il faut entendre par là un *pacte* idéal moralement consenti et renouvelé à toute heure implicitement par chacun des membres de la société qui en acceptent tacitement les charges avec les profits.

La *société*, c'est plus que l'ensemble des membres qui la composent, c'est la communauté envisagée comme un tout, concentrant en elle certains des droits inhérents aux individus et y ajoutant ceux qui lui sont indispensables pour la protection des individus eux-mêmes[2]. L'*État* signifie l'ensemble de ces droits en

---

1. « L'homme est un animal politique. » (Aristote.)

2. Le *droit de punir* ou de *pénalité* appartient à la société : il s'exerce sur les individus au détriment soit de leurs *biens* (amendes), soit de leur *liberté* et de leurs droits (prison, privation des droits politiques ou même civils), soit de leur *vie* (peine de mort, peine capitale). Le droit de punir a été considéré quelquefois comme une délégation de la justice divine; mais il y a danger à attribuer au pouvoir social — pouvoir humain et faillible — la fonction de faire *expier* au nom du *juste* et de *l'injuste :* ce serait ouvrir la voie à l'inquisition des consciences et à la tyrannie du bien. Écartons aussi l'idée de vengeance, de *vindicte* sociale, de représailles, de *talion.* Reste l'idée de *légitime défense* et de *protection :* en fait comme en droit, la société ne punit (ou ne devrait atteindre) que les actes nuisibles soit au maintien de l'ordre social, soit aux droits des membres de la société; ces actes tombent sous sa juridiction non comme pervers, mais comme anti-sociaux (en comprenant dans l'ordre social et dans les droits des individus le respect de la moralité publique et privée).

Si la *justice*, si le *bien moral* ne sont pas le fondement du droit social de punir, ils le consacrent et le limitent en plus d'une sorte; en effet : 1° ne sera puni nul innocent; 2° ne sera prescrit

tant qu'on les oppose soit aux particuliers, soit aux associations privées. Par *gouvernement* [1], on entend l'exercice des pouvoirs publics nécessaires au fonctionnement de la vie sociale ; on entend aussi dans un sens large l'ensemble des personnes investies d'une part des pouvoirs publics. Nous le prendrons ainsi, et par le mot *gouvernants* nous désignerons les dépositaires à tous degrés de l'un des trois pouvoirs publics : pouvoir législatif, pouvoir exécutif, pouvoir judiciaire.

Cela dit, donnons un aperçu des devoirs : 1° des gouvernants entre eux, 2° des gouvernants envers les gouvernés, 3° des citoyens envers l'Etat et la Patrie, 4° des citoyens entre eux.

1° Les représentants de chacun des trois pouvoirs publics [2] doivent respecter les représentants des deux

sous peine de châtiment nul acte pervers, dût-il être fructueux pour l'État ; 3° proportionnalité des délits et des peines (justice pénale, marquis de Beccaria) ; 4° la forme du châtiment ne sera jamais de nature à démoraliser le coupable. Au contraire, on aura toujours en vue d'améliorer le coupable : cela non à raison d'un droit divin, mais par respect pour la moralité, pour la personne humaine, et aussi par souci de la sécurité sociale. Voir sur ce sujet Caro, *Problèmes de morale sociale.*

Sur la peine de mort, sur la gravité exceptionnelle et formidable de cette peine, sur sa légitimité, sur son utilité d'intimidation et de prévention, sur son caractère irréparable, etc., de même que sur la statistique des crimes dans les pays où la peine de mort a été abolie, voir Caro.

La peine de mort pour faits politiques a été supprimée par la République de 1848 (à laquelle on doit également l'abolition de l'esclavage des nègres dans nos colonies et le suffrage universel).

1. Dans la langue politique, le *gouvernement* désigne, en pays libres, le pouvoir exécutif et même plus particulièrement les ministres responsables.

2. Chez nous, actuellement, le pouvoir législatif, c'est le sénat, c'est la chambre des députés ; le pouvoir exécutif, c'est le président de la République, ce sont ses ministres et leurs agents ; le pouvoir judiciaire comprend une vaste hiérarchie, depuis la Cour de cassation jusqu'aux juges de paix.

autres, ne pas empiéter sur leurs attributions, ne pas les gêner, contraindre ou intimider dans l'accomplissement de leur mission, mais au contraire le leur faciliter.

2° Les représentants de chacun des pouvoirs publics (et en général quiconque a une fonction et une responsabilité définies [1]) ont des devoirs envers leur charge, envers leur mandat, envers leurs mandants ou leurs administrés. Les devoirs et vertus du législateur (chez nous, le député, le sénateur) sont : fidélité à sa profession de foi ; empressement à se démettre si, en sa conscience, il vient à changer gravement d'opinion ; ponctualité ; s'instruire dans les questions où son vote décide ; ne s'inspirer que de l'intérêt public et non de l'intérêt personnel, de famille, de coterie ou de parti, etc., etc. — Le pouvoir exécutif [2] doit être vigilant, ferme gardien et premier observateur de la constitution, probe et désintéressé, impartial et scrupuleux sur le choix des personnes dans les nominations qu'il fait, compétent et jaloux de s'instruire dans la mesure du possible sur tout ce qui touche aux intérêts publics, etc., etc. — Le juge doit être intègre, incorruptible, indépendant, rendre des « arrêts » et non des « services », faire taire devant la loi ses préférences ou ses préventions en matière de personnes ou d'opinions, chercher passionnément la vérité et la justice, traiter avec égalité tous les justiciables, laisser la défense libre, respecter chez le prévenu l'innocence possible, et, dans le jugement, ne rien craindre, ne rien espérer [3].

1. À ce propos, il faudrait étendre ici nos regards par delà la vie civile et politique et parler, en passant, d'un point essentiel : celui des devoirs et de la responsabilité morale de chacun à raison de sa profession (soldat, médecin, professeur, etc.).

2. Ou ses agents, chacun à son rang.

3. Les devoirs du juré sont tracés dans les lignes qui précèdent.

3° Les citoyens (or chaque individu, eût-il part au gouvernement, est compris sous cette dénomination) doivent respecter premièrement et essentiellement la constitution et les lois, se soumettre aux obligations qu'elles imposent : impôt en argent, impôt du sang (ou service militaire); respecter dans les représentants du pouvoir ou des pouvoirs publics les organes visibles de la loi. L'obéissance aux lois, le respect de la légalité est une vertu qui, répandue chez tous, garantirait puissamment l'ordre, tout en laissant ouverte aux progrès de la liberté la carrière large et sûre des améliorations par les moyens légaux. Certes il peut y avoir des lois iniques imposées par la force, par un coup d'État ; ces lois peuvent être funestes au pays, offensantes pour le droit et l'honneur : leur refuser toute sanction, tout assentiment actif est un devoir. Mais le prétendu « droit d'insurrection », outre qu'il suspend violemment le règne de la légalité visible, engendre une crise redoutable, met en question trop de choses et fait des victimes qui ne sont pas toutes volontaires. L'appel à l'insurrection est peut-être la plus terrible responsabilité que puisse affronter un cœur honnête emporté par la passion du juste.

Les devoirs du citoyen ne se bornent pas à l'observance des lois et des obligations qu'elles sanctionnent. Ne pas trahir son pays, ne pas lui causer de préjudice matériel, ne pas le diffamer, ne pas éluder les services qu'il commande [1], etc., ne suffit pas. Sous le nom de *patriotisme*, on désigne l'ensemble des devoirs positifs envers le pays, envers la patrie : devoir de charité, d'amour, de dévouement, de sacrifice de ses biens, de ses

---

1. Le devoir du juré, le devoir de voter et de voter en connaissance de cause, etc.

préférences, de sa vie même, et cela non pas seulement dans les circonstances difficiles et exceptionnelles ; car, sous vingt formes, le patriotisme peut se manifester à toute heure, en pensée, en paroles, par des actes souvent très simples, comme par exemple l'empressement à apaiser, à éclairer, à rapprocher les partis hostiles, les opinions ennemies, dans le cercle quotidien, dans les réunions publiques. Le *patriote* veut et cherche continuellement, dans les petites choses comme dans les grandes, le bien, la prospérité matérielle, la grandeur et la dignité morales de son pays par des moyens toujours honnêtes ; inventeur, il fera bénéficier son pays de son invention au lieu de la porter à l'étranger ; il ne cachera pas à son pays la vérité sur ses fautes si le pays en commet.

4° Les concitoyens d'une même patrie [1] se doivent un respect inviolable de leurs droits civils et politiques. Employer la brigue, profiter du favoritisme, c'est attenter à l'égalité, à la justice, aux droits du mérite. Si, sur la terre étrangère, un concitoyen est chose chère et sacrée, il doit l'être aussi sur le sol de la patrie : ce titre de fils d'une même nation devrait suffire à prévenir à jamais ces ardeurs d'animosité de parti à parti, de classe à classe, qui sont comme la guerre civile dans les cœurs. Éclairer, persuader, gagner par la douceur et la raison, quels autres moyens imagine-t-on entre hommes qui ne veulent que le bien du pays, qui s'entendent sur la fin et ne diffèrent que sur les moyens ?

1. Cette idée enveloppe celle de la communauté du sol, de la langue, des mœurs, coutumes, souvenirs historiques, espérances, etc.

Droit des gens ou morale internationale.

26. Les nations ou peuples sont comme des personnes collectives dont chacune a des droits et des devoirs à l'égard de toutes les autres. Il faudrait ici, comme pour les particuliers, parler de l'existence ou de la *vie* d'un peuple, de sa *liberté* ou indépendance, de ses *biens* (territoire, commerce à l'étranger, etc.), de sa *dignité*, de sa *moralité* aussi, car l'avidité d'une nation commerçante a pu spéculer parfois sur les vices d'un peuple ou d'une peuplade.

On *calomnie* même un peuple, comme un individu; on le diffame, on le rend odieux, et il est des circonstances où c'est là un crime.

Les devoirs négatifs entre peuples comprennent la loyauté dans les relations, la fidélité aux engagements pris, l'observance des traités; en temps de guerre, l'obligation de ne la faire que pour de justes motifs, de la déclarer avant d'ouvrir les hostilités, de la conduire avec autant d'humanité que possible et en observant les conventions et règlements reconnus [1].

Il y a des devoirs positifs, on peut dire même de charité, entre les nations : s'entr'aider dans les œuvres de la paix [2]; concurrence loyale dans l'industrie et le

1. Ne pas achever les blessés, ne pas torturer les prisonniers, ne pas tirer sur les ambulances. Signalons à propos de la guerre, la question de sa future disparition, ou plutôt les rêves relatifs à la paix perpétuelle (de Saint-Pierre, Kant). A défaut de cet idéal sans doute chimérique, on tend, dans quelques *casus belli*, à substituer au jugement des armes l'*arbitrage* ou décision arbitrale d'une tierce nation chargée de trancher le différend qui divise deux peuples.

2. L'opinion que l'appauvrissement du voisin est une cause de prospérité pour un peuple est condamnée par l'économie politique.

commerce; intervention diplomatique en faveur d'un peuple injustement menacé, effort pour adoucir au peuple vaincu en guerre les conditions de paix; parfois intervention armée et protection par la force.

Morale domestique.

27. La famille est une société étroite et sainte, d'un caractère tout moral; l'union [1] de deux êtres (époux) la prépare et la fonde; la naissance des enfants la consomme; la nature, le cœur et la conscience la consacrent et la maintiennent.

Devoirs : 1° des époux entre eux, 2° des parents envers les enfants et 3° réciproquement; 4° des enfants entre eux; 5° des maîtres et des serviteurs.

1° *Devoirs des époux.* — Ne pas fuir le mariage et ses charges par égoïsme; voir dans le mariage un acte d'une haute gravité morale et sociale; choisir sa femme — ou son mari — dans cette pensée, selon son cœur et sa raison, non selon les convenances d'argent ou la passion toute seule. — Fidélité réciproque des époux, affection, mutuelle confiance. — Devoirs particuliers du mari envers la femme : protection, entretien convenable selon son rang, direction ferme et douce sur le pied d'une affectueuse égalité, bon conseil. Devoirs de la femme : juste soumission, attachement aux intérêts qui lui sont confiés, efforts pour rendre au mari le foyer attrayant par le charme et la dignité; modération dans les dépenses.

2° *Devoirs des parents.* — Les parents ont des droits qui ont leur fondement et leurs limites dans leurs devoirs : responsables de leurs enfants devant leurs enfants d'abord et puis devant la société, ils doivent user

1. Expliquer les mots monogamie polygamie, polyandrie. Question du divorce.

de toute leur autorité, sans l'abdiquer comme sans l'exagérer, en vue d'assurer à leurs enfants la santé du corps, de l'esprit et l'âme (par l'hygiène, l'instruction et l'éducation), et en vue d'en faire des *hommes*, capables de se tirer d'affaire, de se suffire, de se gouverner, et des *citoyens* utiles à leur pays. — Les parents doivent apprendre les éléments de l'hygiène, observer le *tempérament* de leurs enfants, leur imposer un régime simple et fortifiant, sans négliger les exercices et les jeux, si essentiels pour le jeune âge. Les parents doivent s'instruire selon leurs moyens pour être capables de diriger les premières études de leurs enfants au lieu de s'en remettre entièrement à des soins étrangers ; ils doivent connaître le *tour d'esprit* et les *aptitudes intellectuelles* de leurs enfants pour ne pas les engager de ce côté dans une fausse voie. Les parents doivent connaître le *caractère* de leurs enfants pour pouvoir les prendre comme il faut, au lieu de les heurter et de les rebuter. — Autres devoirs des parents : fermeté et douceur, sans excès de rigueur comme sans faiblesse coupable ni abus de camaraderie ; suite et unité dans la direction ; nul antagonisme visible entre l'autorité du père et celle de la mère ; avant tout, bon exemple. — Traiter avec égalité tous ses enfants, sans partialité ni préférences marquées. Dans le choix d'une carrière et dans le choix d'un mari ou d'une femme pour les enfants, ne s'inspirer que de leur intérêt et sacrifier ses propres vanités, ses ambitions, ses préventions.

3° *Devoirs des enfants.* — A l'obéissance passive et absolue du tout jeune enfant envers ses parents succèdent une soumission respectueuse et réfléchie chez le jeune homme, une déférence inaltérable chez l'homme fait devenu citoyen et même chef de famille à son tour. Les enfants doivent à leurs père et mère affection sans bornes, tendre respect, reconnaissance toujours prête à se marquer par les plus grands sacrifices et toujours heureuse de se satisfaire elle-même par les soins assidus, par les concessions de chaque jour. Ils doivent se considérer comme des débiteurs qui ne sauraient s'acquitter, quoi qu'ils fassent; ils doivent supporter, s'il y a lieu, les rigueurs ou l'humeur de leurs parents, fermer les yeux sur leurs torts, s'ils en ont : c'est une triste victoire que de convaincre ses parents d'erreur ou de faute; et se réjouir ou se prévaloir de cet avantage est la plus grande défaite du sentiment filial.

4° *Devoirs des frères et sœurs.* — Les frères et sœurs se doivent affection, dévouement ; — nulle jalousie, — ne parlons point de haine ! Nul effort sacrilège pour s'aliéner l'un à l'autre le cœur d'un père ou d'une mère, pour y prendre la meilleure place. — L'aîné (si la différence d'âge est grande, et plus encore s'ils sont orphelins) a des droits et des devoirs particuliers.

5° *Devoirs des maîtres et serviteurs.* — Les maîtres [1] doivent bien choisir leurs serviteurs, observer le contrat et payer exactement les gages, ne pas malmener leurs domestiques, les surveiller, et, bien loin de les gâter par le mauvais exemple ou en exigeant d'eux certaines complicités, les instruire et les moraliser. Les serviteurs seront exacts, probes, fidèles, attachés aux intérêts et aux personnes de leurs maîtres, respectueux de la moralité des enfants confiés à leur garde.

1. Les patrons et ouvriers, etc.

MORALE RELIGIEUSE

28. Dieu, comme être parfait, comme auteur de notre être, comme providence, comme législateur moral, a droit à notre adoration, à notre reconnaissance, à notre amour [1]. Le *culte intérieur* comprend, outre ces sentiments, l'offrande à Dieu d'un cœur pur, attaché à tous les devoirs de la morale personnelle et sociale. — La prière mentale, l'élévation de l'esprit et du cœur vers Dieu sont les actes religieux par excellence. La prière est d'adoration, d'amour, d'hommage, ou bien de demande, d'appel. *a.* Dieu n'a pas *besoin* de nos hommages, sans doute ; mais ces hommages lui sont dus et les lui rendre est un besoin pour l'âme. *b.* Dieu a tout décidé dans sa sagesse éternelle ; que sert-il donc, dit-on, de lui *demander* d'intervenir et de changer pour nous quelque chose à l'ordre de ses secrets ? — Réponse : Il a prévu, dit Leibnitz, notre demande elle-même et il en a tenu compte, s'il le jugea bon, dans l'établissement même de l'ordre des choses qu'il a réglées.

Le *culte extérieur* est privé ou public. Privé, il comprend les manifestations solitaires de l'adoration, les observances selon les divers cultes, les actes de piété individuelle. Le culte public est un hommage et une consécration à Dieu de la vie sociale : il comprend la prière en commun, les actes religieux collectifs, les cérémonies des cultes. Le sentiment religieux s'anime et se satisfait

---

1. Crainte respectueuse, confiance, espérance, etc.

dans ce rapprochement des cœurs rassemblés pour honorer Dieu.

— *Question* des pompes extérieures du culte public : d'un côté, la solennité, l'éclat visible des cérémonies, le concours des merveilles de l'art et la splendeur des représentations sont, dit-on, un hommage, toujours trop faible, qu'on rend à Dieu ; puis le sentiment religieux s'y échauffe, s'y exalte ; — d'autre part, on fait remarquer que la piété se fortifie et s'épure par la gravité simple et modeste du culte, et qu'une bonne manière d'honorer Dieu, c'est d'appliquer aux œuvres de bienfaisance et à la charité qu'il commande les ressources consacrées aux pompes du culte extérieur.

FIN

TABLE.

MÉTHODOLOGIE

MORALE

COULOMMIERS. — Typ. PAUL BRODARD.

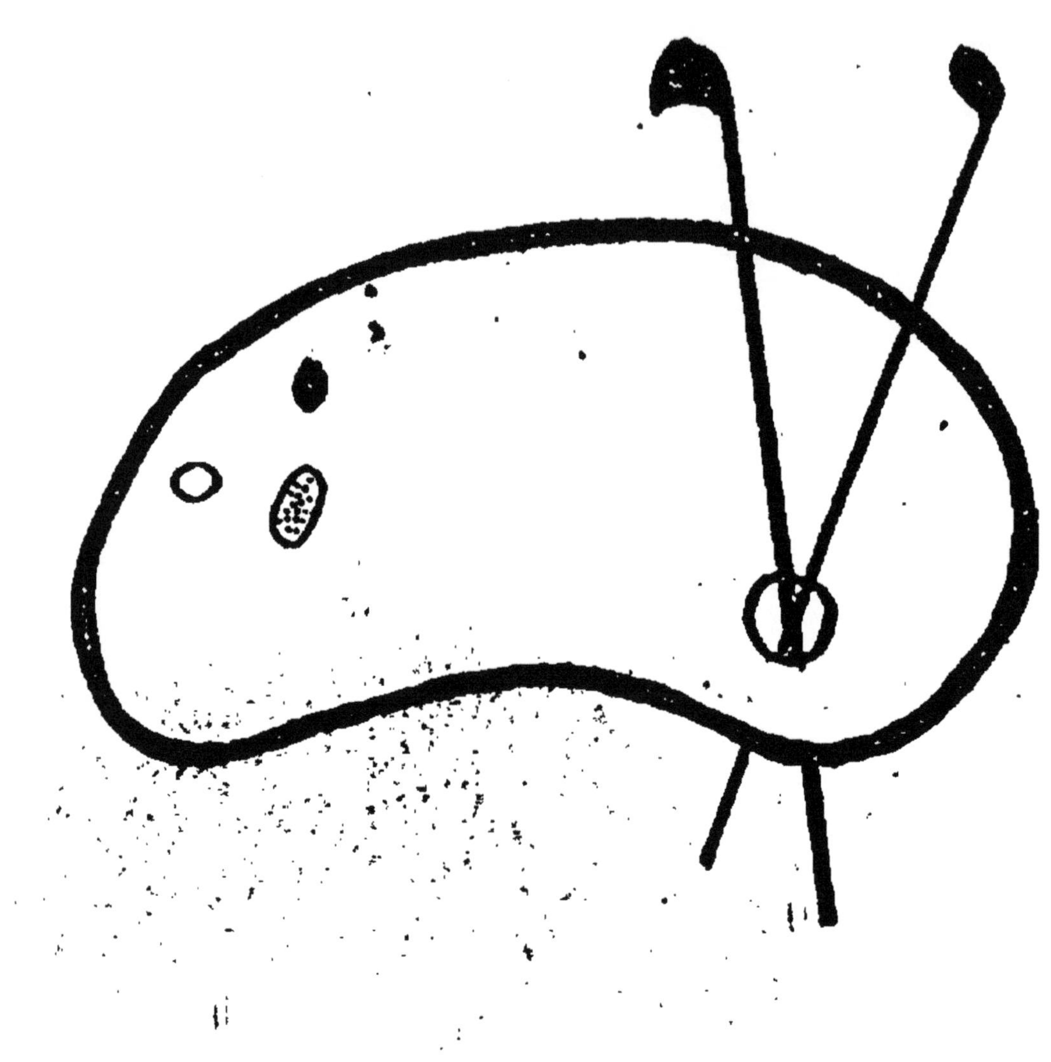

ORIGINAL EN COULEUR
NF Z 43-120-8